你就是团队

马银春◎编著

中国财富出版社

图书在版编目(CIP)数据

你就是团队 / 马银春编著. —北京：中国财富出版社，2015.9

ISBN 978-7-5047-5741-8

Ⅰ. ①你… Ⅱ. ①马… Ⅲ. ①企业管理—组织管理学 Ⅳ. ①F272.9

中国版本图书馆 CIP 数据核字（2015）第 126266 号

策划编辑	宋 宇	**责任编辑**	王 波 赵笑梅		
责任印制	方朋远	**责任校对**	饶莉莉	**责任发行**	敬 东

出版发行	中国财富出版社		
社 址	北京市丰台区南四环西路 188 号 5 区 20 楼	**邮政编码**	100070
电 话	010-52227568（发行部） 010-68589540（读者服务部）		010-52227588 转 307（总编室） 010-52227588 转 305（质检部）
网 址	http://www.cfpress.com.cn		
经 销	新华书店		
印 刷	北京京都六环印刷厂		
书 号	ISBN 978-7-5047-5741-8/F·2405		
开 本	710mm×1000mm 1/16	**版 次**	2015 年 9 月第 1 版
印 张	14	**印 次**	2015 年 9 月第 1 次印刷
字 数	188 千字	**定 价**	32.00 元

前言

管理学家斯蒂芬·P. 罗宾斯认为：团队就是由两个或者两个以上相互作用、相互依赖的个体，为了特定目标而按照一定规则结合在一起的组织。而对团队的管理不同于上下级关系的管理，是横向的交流与沟通而不是纵向的命令与服从。

很多企业为什么做不大？就是因为团队没有统一的价值观，价值观不统一就不能充分发挥员工的潜能，员工们上班也都是貌合神离，有劲不使或不往一处使。

有这样一个故事：

英国科学家把一盘点燃的蚊香放进一个蚁巢。开始，巢中的蚂蚁惊恐万状，约20秒钟后，许多蚂蚁见难而上，纷纷向火冲去，并喷射出蚁酸。可一只蚂蚁喷射的蚁酸量毕竟有限，因此，一些“勇士”葬身火海。但它们前仆后继，不到一分钟，终于将火扑灭。存活者立即将“战友”的尸体移送到附近的一块“墓地”，盖上一层薄土，以此埋葬。

一个月后，这位科学家又把一支点燃的蜡烛放到原来的那个蚁巢进行观察。尽管这次“火灾”更大，但蚂蚁却有了经验，调兵遣将迅速协同作战。不到一分钟，烛火即被扑灭，而蚂蚁无一遇难。科学家认为蚂蚁创造了灭火的奇迹。蚂蚁面临灭顶之灾时的非凡表现，尤其令人震惊。

蚂蚁前后两次不同的灭火结果，充分说明了只有调动团队的力量才能战胜一切!

“团队”在于“团”，而非“散”；在于“归队成团”，而非“一意孤行”。只有团结才能造就无往不胜的凝聚力、竞争力。围绕共同的目标上下同心，共同奋战所凝聚成的合力，这正是团队力量的所在!

人是社会性的动物，只有在集体中才能更好地体现出人的价值，脱离了群体的人是没有任何社会意义的。成功的团队并不是建立在哪一个人的基础上，即使是像迈克尔·乔丹、刘易斯这样的超级巨星，他们依然需要强有力的团队支持，事实也证明了他们是真正的领导者，能够让其他人更好地团结在自己的周围。

编　者

2015 年 4 月

目录

第一章 塑造领导魅力

哈罗德·孔茨说："领导是一种影响力，或叫作对人们施加影响的艺术过程，使别人追随自己的能力。"香港著名企业家李嘉诚在总结他多年的管理经验时说："如果你想做团队的老板，简单得多；如果你想做团队的领袖，则较为复杂，你要学会塑造领导魅力。"

1. 做事先做人

曾经在一个企业的宣传栏看到："当别人给予你帮助时，一定要道谢，并且看着对方的眼睛，以示你的诚意。当你给别人带来不便时，一定要及时道歉，以免给人留下不良印象。当你对一个人还不够了解时，切莫轻易下结论，耳听为虚，眼见为实，况且有时候眼睛也会欺骗我们。"

立业先立德，做事先做人。做任何事情，都是从做人开始的。古往今来，对领导者的要求，无不以做人为本。《大学》里讲："自天子以至庶人，壹是皆以修身为本。"儒家以"修身、齐家、治国、平天下"为培养人才的基本规范。司马光在《资治通鉴》写道："才者，德之资也，德者，才之帅也。"人民教育家陶行知说："千教万教，教人求真；千学万学，学做真人。"

做事先做人，这是自古不变的道理。如何做人，不仅体现了一个人的智慧，也体现了一个人的修养。一个人不管多聪明，多能干，背景条件有多好，如果不懂得做人，人品很差，那么，他的事业将会大受影响。

只有先做人才能做大事，这是古训，先人早就强调了"做人为先"的重要性。我们的先人孔子，其思想可以说是中国五千年文化底蕴的沉淀，他告诉我们"子欲为事，先为人圣""德才兼备，以德为首""德若水之源，才若水之波"。由此可见，中华民族历来讲究做人的道理。

从小到大，有关做人的道理我们都耳熟能详。然而，品性优劣却人各有异，做事的结果也大相径庭。任何失败者的失败都不是偶然的，同样，任何成功者的成功都有其必然性，其中最重要的一个因素就在于怎样做人。

美国加州数码影像有限公司需要招聘一名技术工程师，有一个叫史密斯的年轻人去面试，他在一间空旷的会议室里忐忑不安地等待着，不一会儿，一个相貌平平、衣着朴素的老者进来了，史密斯站了起来。那位老者盯着史密斯看了半天，眼睛一眨也不眨。正在史密斯不知所措的时候，这位老人一把抓住史密斯的手说："我可找到你了，太感谢你了！上次要不是你，我可能再也看不到我的女儿了。""对不起，我不明白你的意思。"史密斯一脸迷惑地说道。

"上次，在森林公园，就是你把我失足落水的女儿从湖里救上来的！"老人肯定地说道。史密斯明白了事情的原委，原来老人把自己当成他女儿的救命恩人了。"先生，你肯定认错了！不是我救了你的女儿！"史密斯诚恳地说道。"是你，就是你，不会错的！"老人又一次肯定地说。史密斯面对这个对他感激不已的老人只能徒劳地解释："先生，真的不是我！你说的那个公园我至今还没有去过呢！"听了这句话，老人松开了手，失望地望着史密斯说："难道我认错了？"史密斯安慰老人说："先生，别着急，慢慢找，一定可以找到救你女儿的恩人的！"

后来，史密斯接到了录取通知书。有一天，他又遇到了那个老人。史密斯关切地与他打招呼，并询问道："你女儿的救命恩人找到了吗？""没有，我一直没有找到他！"老人默默地走开了。

史密斯心里很沉重，对旁边的一位司机师傅说起了这件事。不料那司机哈哈大笑："他可怜吗？他是我们公司的总裁，他女儿落水的故事讲了好多遍了，事实上他根本就没有女儿！"

"噢？"史密斯大惑不解。那位司机接着说："总裁就是通过这件事来选拔人才的。他说过有德之人才是可塑之才!”

世间技巧无穷，唯有德者可以其力，世间变幻莫测，唯有人品可立一生！这就是作为一个成功人士或希望成为一个成功人士应该具备的优秀品质。

2. 保持热情、温和的态度

一个人的魅力，不在于职位的高低和权威的大小，而在于个人的修养和处世的境界。一个人的魅力，常常就在那一低头的谦恭与礼让之间。

在实际工作中，有很多管理者都喜欢自觉不自觉地在下属面前耍威风，以此来显示他是个领导。但很多成功的管理者都是和蔼可亲的，在他们慈眉善目的背后往往隐藏着超强的管理手段和莫可名状的管理心机。

很多年前的一个暴风雨之夜，有一对老年夫妇走进一家酒店大厅要求订房。服务生乔治·伯特告诉他们：这家旅馆已经被参加会议的团体包下来了，而且附近的旅馆也已经客满。但是当他看到老夫妇焦急无助的样子时，又真诚地对他们说：“先生、太太，在这样的夜晚，我实在不愿看到你们离开这里却又投宿无门，如果你们不嫌弃的话，可以在我的休息室里住一晚，那里虽然不是豪华的套房，却十分干净。”这对老夫妇经过考虑之后接受了伯特的好意。第二天当这对老夫妇提出要付钱给伯特时，他却坚决不接受。他真诚地对老夫妇说：“我的房间是免费借给你们住的。昨天晚上我已经额外在这儿挣了加班费，房间的费用本来就包含在里面了。”老先生临走时，温和地告诉伯特说："你这样的员工是每一个老板梦寐以求的，也许有一天，我会为你盖一座新的旅馆。"

伯特当时以为这位老人在开玩笑，他只是礼貌地笑了笑作为回答，不久就淡忘了这件事。几年之后，乔治·伯特还在那家旅馆里上班，仍旧做他的服务生。突然有一天，他收到一封老先生的来信，邀请他到曼哈顿去，并附上了飞机票。当伯特赶到曼哈顿时，在一栋豪华的建筑物前，他见到了老先生。老先生看着惊讶的伯特，微笑着解释说："我的名字叫威廉·渥道夫·爱斯特。这就是我为你盖的饭店，我认为你是管理这家饭店的最佳人选。"于是，乔治·伯特成为这家饭店的第一任总经理，他不负老先生厚望，在短短的几年里，将饭店管理得井井有条，驰名全美国。

3. 不断提高管理水平

管理思维的含义非常广泛，其中最关键就在于认识到管理的特性。管理是安排别人来完成自己想完成工作的一门学问。因此，不论下属是能力强的还是能力弱的，是主动性强的还是主动性差的，你都得用。人无完人，谁都会有缺点，我们能做的就是发现不同人的特点，并根据不同人的特点运用不同的管理风格，以达到团队的最终目的。

既然管理者是主角，一般员工是配角，那么作为团队或团队之外与之相关的人就是所谓的"观众"，他们就要看到管理者比别人更卖力地去表演，并且带领好你的团队，使之向正确的方向发展同时，一定努力去完成好自己的任务目标。这样一来，如果管理者在想赢得掌声时，别人也不会毫不吝惜地将最响亮的掌声送给管理者。否则，一切辛苦与努力将会化作水中月和镜中花。

从主观上，管理者一定要实现自我修养与素质的提升，从平时的工作中一点一滴积累经验，训练自我的胜任能力，从而使自己能够完全融入团队，能够主动获取到更多的响亮的掌声。下面就是管理者应具备的能力：

(1) 激励的能力。管理者不仅要善于激励员工，还要善于自我激励。要让员工充分地发挥自己的才能努力去工作，就要把员工的“要我去做”变成“我要去做”，实现这种转变的最佳方法就是对员工进行激励。如果我们用激励的方式而非命令的方式向员工安排工作，更能使员工体会到成就感。激励的方式并不会使你的管理权力被削弱，相反，你会更加容易地安排工作，并能使他们更加愿意服从你的管理。

(2) 控制情绪的能力。一个成熟的管理者应该有很强的情绪控制能力。当一个领导者情绪很糟的时候，很少有下属敢汇报工作，因为担心他的坏情绪会影响到对工作和自己的评价。一个管理者情绪的好坏，甚至可以影响到整个公司的气氛。如果管理者经常由于一些事情控制不了自己的情绪，有可能会影响到整个公司的效率。从这个意义上讲，当你成为一个管理者的时候，你的情绪已经不单单是自己私人的事情了，因为会影响到你的下属及其他部门的员工；而你的职务越高，这种影响力越大。为了避免在批评员工时情绪失控，最好在自己心平气和的时候再找员工谈话。

(3) 幽默的能力。幽默能使人感到亲切。幽默的管理者能使他的下属体会到工作的愉悦。管理的目的是使下属能够准确、高效地完成工作。轻松的工作气氛有助于达到这种效果，幽默可以使工作气氛变得轻松。幽默不是天生的，幽默是可以培养的，再呆板的人，只要自己努力都可以逐渐变得幽默起来。美国前总统里根以前也不是幽默的人，在竞选总统时，别人给他提出了希望他幽默一些的建议。于是他采用了最笨的办法使自己幽默起来：每天背一篇幽默故事。

（4）演讲的能力。优秀的领导者都有很好的演讲能力，特别是那些著名的政治家，无一例外是演讲的高手。演讲的作用在于让他人明白自己的观点，并认同这些观点。从这点出发，任何一名管理者都应该学会利用演讲表达自己。演讲的意义并不局限于演讲本身，演讲可以改善一个人的口头表达能力、增强他的自信、提高他的反应能力。这些素质会使领导者在对外交往和管理下属时游刃有余。

（5）倾听的能力。很多管理者都有这样的体会，一位因感到自己待遇不公而愤愤不平的员工找你评理，你只需认真地听他倾诉，当他倾诉完时，心情就会平静许多，甚至不需你做出什么决定来解决此事。每个人都认为自己的声音是最重要的、最动听的，并且每个人都有表达自己愿望的权力。在这种情况下，友善的倾听者自然成为最受欢迎的人。如果管理者能够成为下属的倾听者，他就能受到下属的欢迎。

4. 不断历练自己，提升能力

最优秀的领导者懂得倾听的技巧，言出必行，为调动员工积极性不遗余力。他们将组织的愿景、价值观、目的和商业目标与个人价值观和需求联系起来，从而动员、激励和鼓舞员工。以下 10 种方法是他们常用的：

（1）建立你的愿景。务必要用目的和价值观建立一个真实的愿景。要清晰地指明你的前进方向，言简意赅地陈述你的目的，直截了当地表达你的价值观，也就是你用于指导员工各项工作行为的准则。

（2）确定你的领导风格。了解你自己的个性，知道你是哪种类型的领导者，有助于让你和其他人确定在何处、何时以及如何采取最佳行动，这样，他们就可以集中投入时间和精力，去实现你为他们设定的目标。

（3）跟踪你的领导力发展进度。用领导力日志来记载你的行为及其结果，并定期加以总结，反思你所学到的东西和你发生的改变。

（4）招聘并留住合适的人才。先确定具备哪些技能的人才能够在你的企业文化中取得成功，然后相应地招聘此类人才。企业文化会让他们忠于使命、快乐工作，超越众人的期望。你要提高自己的面谈和倾听技能，才能听懂员工的心声。一旦发现需要改进的地方，就要立即采取行动。

（5）调动员工积极性，充分授权，充实他们的能力。邀请他们帮你一起设计愿景。赋予他们权力，让他们成为一股变革力量，用文化来充实他们的能力。在解决主要业务问题时，让他们发挥作用、承担责任，成为解决方案的一部分。

（6）营造一个鼓励创造力和创新的工作环境。不要只改进物质环境，要关心员工的感受。在公司中走动时，评估一下员工的干劲。要实施一些变革，以确保工作环境能推动并促进目标的实现。

（7）感激和奖励你的员工。制定和安排时间表，定期对员工予以有意义的奖励，以营造一种感激文化。要对你奖励员工的方式进行评估和改进，这样，你才能敏锐地感受到年龄、教育程度、成熟度和人口分布上的差异并做出及时的反应。

（8）专注于能够鼓舞员工的因素。找出能够鼓舞你和员工的因素。他们是否需要更多的教育和培训、更多的创作时间和交叉培训机会？是否需要帮助他们减轻压力、制订促进健康的计划甚至是给他们一次带薪休假？要制订并改进维持员工敬业度和忠诚度所需的关键计划。

(9) 先改进最重要的方面。要坦然面对自己最大的弱点。确定哪些因素能推动你进步?哪些是前进的绊脚石?你是否欠缺倾听技巧?对技术深恶痛绝?或动辄对人大喊大叫?要承认这些弱点，然后采取行动，寻求帮助，解决自己的问题，提高自己的绩效、技能。

(10) 畅想未来。想象一下自己 10～20 年后的状态。你希望成为什么样的领导者?界定此类领导者的特征，展望你的未来。描述一下你如何平衡工作与生活，如何赢得忠诚和信赖。

一个领导者并不只要有权力就能做好。因为，领导能力由两方面构成：一是领导者，二是心甘情愿的追随者。追随者众，领导能力就强；追随者寡，领导能力就弱。如果没有别人的支持，没有追随者，领导能力就无从谈起，领导者也将不复存在。所以，一个领导者想要真正担负起自己的领导责任，必须努力提高自己的领导能力。

5. 领导能力就是公关能力

领导活动是一种集体活动，领导者要做好领导工作，必须协调好上下左右的关系，这样才能顺利实现工作目标。

(1) 协调好与上级的关系。处理好与上级的关系，可以争取到上级对自己工作的支持和信任，争取到较宽松、有利的政策环境，从而有利于工作的开展。因此可以说，良好的上级关系，是生产力、是战斗力、是资源、是财富。协调与上级之间的关系，要把原则性和灵活性结合起来：第一，要勤奋工作，赢得信任。工作勤奋扎实，在工作中能出思路、出政绩，这样就能得到群众的好评，自然也就能赢得上级的好感、认可、信任和器重。第二，要了解上级，加强联络。应该主动了解、熟悉上级，对上级要勤于走访、加强联系，并根据不同上级的不同特点运用不同的沟通方式，以寻求上级对自己工作的有效支持。第三，要求适度，不能奢求。希望上级在人财物上给予支持，在政策上给予优惠，在个人问题上给予关照，这是正常的。但是，这种要求要合理适度，期望值不能过高，更不能奢求。第四。要自我克制，合理争论。与上级之间难免会出现意见分歧和矛盾，上级批评不当、处理不公等问题也会时有发生。遇到这种情况，下级首先要态度冷静，克制自己的感情。对于非原则性问题，即使上级批评得不对，也不必斤斤计较，耿耿于怀；但在原则问题、重要问题上，对上级的错误处置应进行申辩，甚至进行有理有据有分寸的辩驳。该忍不忍，会把上下级关系搞僵；该辩不辩，就不可能让上级分清是非，从而对自己做出正确的评价。

（2）协调好与同级的关系。同级领导间的关系是最难处理的关系。同级领导之间在工作上合作，在利益上竞争，既不能相互冒犯、相互干预，也不能相互漠视、相互拆台，特别要注意以下几点：一是要加强交流。要端正心态，不要把与同级之间的主动沟通看作是求人，是低三下四的事情。二是要学会“治己”。同级之间发生矛盾，原因是多方面的，要妥善化解矛盾，矛盾各方都应首先从“治己”开始。调整自己的心态，控制自己的情绪，寻找自身的原因，把各种因素都调整到解决矛盾的最佳状态，即使造成矛盾的主要原因在对方，也应如此。在多数情况下，通过“治己”能够产生强烈的“治人效应”，进而有利于矛盾的化解。三是要巧妙回避。同级之间产生矛盾很正常，只要双方都是为了工作，没有个人恩怨和成见，不难化解。但如果双方的矛盾已经导致个人恩怨或受个人恩怨影响，很难一下子解决，这时就要暂时回避一下。回避不是逃避，而是为了防止矛盾激化，并在回避中等待解决矛盾的时机，这样效果往往会更好。

（3）协调好与下级的关系。领导关系是上下级双向互动的关系，为了做好领导工作，必须处理好与下级的关系。在协调与下级的关系时，要把握以下方法：一是要有吸引力。上级应该不断地从感情、能力和品质上修炼自己，增强对下级的吸引力。二是要实行弹性控制。对那些能力强、有主见、有自信的下级，可以只交代完成任务的时间及标准，其他事项则由其自行安排。三是要宽宏大度。领导者要有宽广的胸怀和气度，对下级的缺点和短处，应该持宽容和体谅的态度。

善于协调关系是领导者应具备的基本素质，也是一个基本的工作方法。领导者能否取得事业的成功，在很大程度上取决于其是否掌握了协调关系的方法艺术。那么，协调的方法通常都有哪些呢？

（1）确立清晰的思路。协调每一件事情，都要根据协调的内容和具体要求，把握住基本点，制订周密详细的协调计划，确立清晰的协调思路，研究协调中可能遇到的问题及对策。要做到心中有数，就要用联系的、发展的观点来看问题，承认差异，照顾个性，具体情况具体分析。心中有数，工作才能有条不紊、忙而不乱，达到最佳状态。

（2）投入真挚的情感。在协调工作中，领导者的情感能对下属产生直接的影响。因此，领导者在整个协调过程中都要投入真挚的感情，使协调对象能够感觉到你的真诚，从而与你相互理解、达成共识。

（3）保持冷静的心态。领导者首先要沉着冷静，要认真听取别人的意见，对于正确的意见，要及时采纳，使自己的协调计划更加完善；对于不正确的意见，也要保持正确的态度，有理、有据、有节地进行辩驳。领导者在协调时要心底无私、态度诚恳。此外，领导者还要心胸宽广，尤其是在被别人误解时，要进行主客观多方面的分析，不要认为是人家和你过不去而对人产生成见。“海纳百川，有容乃大”，做到了这一点，协调才能有成效。

6. 不怒自威的魅力

中国有句古话说得好："至尊者至刚。"看一个人意志的强弱、胆略的大小，并非仅仅看其外在的表现形式，而要看他的心理承受能力。我们常常说谈虎色变，老虎令人闻风丧胆，靠的就是万兽之王的威慑力。敬而生畏，需要实力；威而不怒，需要实力；慑服于心，需要的还是实力。在单位组织里，有的领导很柔和，有的很霸道，有的很独裁，有的却很民主，那么到底是做善良的羊还是做残暴的狼呢？都不对，要做仁慈的"狮子"，它能吃人，但它更能威慑。单位组织当中也是如此，我们会发现，领导越大，越是和颜悦色，越是有权力的人就越是特别和蔼，和蔼得让员工敬畏。这个"畏"就是不怒自威，因为他能够决定员工的命运。这种威慑不仅仅来源于他的职位，更源于他牢牢地控制着这个单位组织的实力。

作为企业管理人员，在工作中最希望看到的事情就是下属承认自己的地位，乐于接受自己的指令，并遵照执行。在这样的过程中，所体现出来的就是管理者的领导威信。

威信是一种客观存在的社会心理现象，是一种使人甘愿接受对方影响的心理因素，威信是管理者开展工作必备的一种内在力量，同时它也是一种技能，是管理者运用影响力，让别人心甘情愿地照着你的决心行事，它是领导者身上的光环。失去了它，再有能力的领导者在众人眼中也显得一无是处、暗淡无光。我们经常听到这样的说法，"兵熊熊一个，将熊熊一窝""虎父无犬子，强将手下无弱兵"。可见，一个有能力有威信的领导者对于一个团队来说是何等重要。

那么，管理者要做到不怒自威，到底应该做到哪几点呢？

（1）以德服人。以德服人自古以来是领导者和管理者树信立威的高明手段，三国时期的刘备，论谋略不及曹操，论勇武不及孙权，可他能礼贤下士，德高望重，使得他麾下网罗了诸葛亮等大批人才，并对他誓死效忠，使刘蜀兴盛一时，这就是以德服人的典型例子。良好的品德是职场的通行证，它能散发出一种自然魅力，是一种让人在不知不觉中被影响的力量。从自身而言，领导者自己要能做到心正、言正、行正、身正，正气凛然，诚实守信；从对待员工而言，要对员工有一颗宽大包容的心，并且为人处世言出必行，关心、尊重下属，这样才能赢得员工的敬重。

古人云：士为知己者死。管理者要想在工作中赢得威信，除了自身道德品格的修养外，还要能妥善处理与员工之间的关系，提供给其成长发展的机遇，使其铭记领导的知遇之恩，这样员工才能真正死心塌地服从和尊重你。人是企业中第一宝贵的资源。企业管理者要善待员工，而不是简单地将其当作劳动力的出卖者，要把他们看成是为完成共同目标只是分工不同的合作者，尊重他们的人格，取得在维护公司利益上的共识。由领导者个人素质和表率作用产生的影响力，对雇员产生的心理影响和行为影响是自觉自愿、心悦诚服的。只有宽以待人、严于律己的人，才会使下属产生敬爱、钦佩的心理效应，从而对这样的领导者倾心拥戴并愿与之共谋大业。

（2）要融入团队，不居高临下。很多管理者都错误地认为：我是领导者，就要和员工之间保持距离，就要让他们完全听我的，员工只有奉命执行的份儿，这些都是错误的理念。一个成功的管理者必然不是一个高高在上的“寡人”，他必然是与团队站在一起的。一个有威信的管理者，他作为领导人的同时，也是与员工打成一片的，要了解员工的想法和需求，善于听取和采纳他们的意见和建议。事实说明：不讲原则就没有战斗力，不讲感情就没有凝聚力。领导者要善于和人，方可和天下。

除此之外，卡耐基曾说过：“最重要的，成功者要明白分享之道——切勿一味贪得无厌地予取予求，而不懂得帮助他人。”卡耐基的不忌才、不疑才、肯引导人、栽培人、扶掖后学、仁人爱物，使他变成了“商贾中之王者”。如果管理者能明白只有团队成员之间的相互分享和互惠互利才能创造财富，那么他就会知道互相交流的重要性，而那些将自己封闭在“自我心中硬壳”里面的人，是自私而不能自利的，因此他们是无论如何也不可能在团队中有威信力的。

（3）知人善任，用人不疑。21世纪是人才的世纪，人才是企业竞争的关键，在企业竞争激烈的今天，谁拥有人才，就等于拥有了成功，这就要求管理者有一双伯乐的慧眼。要善于发现员工中每个人的特长，发现他的优势，从而把他用到正确的位置。很多管理者常常抱怨自己的员工工作表现不好，但也许只是管理者没有将他放到适当的位置，再耀眼的黄金，埋在地下是不会发光的。常言道：“会忙的忙得轻松愉快，不会忙的忙得一塌糊涂。”有些管理者喜欢一手包办，让自己成为绝对的权力拥有者，但这种独揽大权的方式不仅会使自己忙活得一塌糊涂，还会使员工有种不被信任和重用的感觉。“有责无权活地狱”，管理者要善于用人，也就是善于授权给下属，给团队发展空间，给别人成长机会，正所谓，众人划桨开大船。

7. 不做完美主义者

人们对完美主义的评价，历来是褒贬不一的。这里所要说的完美主义，只是指其中的一种情况。精益求精、追求完美自是值得推崇，然而以寻求完美为借口而不去实际行动的时候，所谓完美，只不过就是为了掩盖心底的胆怯，只是心理懦弱的表现而已，是值得警醒的事情。

曾国藩先生有言："先静之，再思之，五六分把握即做之。"凡事总是发展着的，人不能以静止的观点来看问题，谁也无法完全预料一件事情的发展方向。当然深谋远虑还是必需的，但却不是要拖而不行，任何时候我们都不可能完全预料到下一刻可能发生的事情；任何时候我们现实的思想，也总是落后于时间的脚步。所以我们能做的，只能是"五六分把握即做之"，然后在做之中，再根据形势的发展，具体地再思考、再完善。

在日本的一家动物园，有位饲养员特别爱干净，对动物也特别有爱心，每天都把小动物住的小屋打扫得干干净净。结果呢，那些小动物一点也不领他的情，在干净舒适的环境里，动物们开始慢慢萎靡不振了，有的厌食消瘦，有的生病拒食，有的甚至死了。后来，通过观察才发现，那些动物都有自己的生活习性，有的喜欢闻那混浊的骚气，有的看到自己的粪便反而感到安全等。

这个故事说明了一个道理：有效的管理必须针对组织内个体的需求，包容个体的差异性，并在此基础上灵活应对、多元管理。无视个体的差异，一味地追求看似完美的统一，这样的组织最终会因抹杀了个体的个性而导致组织的解体或僵死。

管理应该是化腐朽为神奇的一门综合艺术。著名漫画家郑辛遥曾有一幅耐人寻味的作品，题目上写道："你若能把'绊脚石'变成'垫脚石'，你就是生活中的强者。"实际上，再落后的人，也有被尊重的渴望，也有发挥自己潜能的意识。问题在于如何找到改变他的通道。管理者在认同差异的同时，也要欣赏残缺的美妙。假若没有月亮的阴晴圆缺，我们就不可能欣赏到那些感叹人生悲欢离合、聚散无常的或婉约、或豪放的诗句；假若没有问题的存在，管理也就失去了存在的意义。

一个人如果对自己和他人要求过高，总是追求完美，我们就称这种性格为"完美主义"。完美主义的性格首先表现为固执、刻板、不灵活，给自己或他人设定一个很高的标准，非要达到不可，受到挫折就感到很痛苦，不能接受。

某著名汽车制造公司的总经理就是这样的人，虽然他们公司的销售还不错，但离他的高标准有些差距，他不能忍受，跳楼自杀了。有位软件设计工程师在编程序时要求自己像写古诗一样把字节写得都一样长，结果他日日夜夜地苦思冥想，工作效率和成果可想而知。

有的人要求自己的孩子利用所有的时间学习，不要贪玩，总是督促孩子学习，结果孩子很反感，产生逆反心理，厌学逃学，总也玩不够。所以，完美主义的人应该把目标和方法订得灵活一些，要有一种"退一步海阔天空"的心理准备，这条路不行可以走那条，不要在一棵树上吊死，钻牛角尖。

完美主义的人往往不愿意接受自己或他人的弱点和不足，非常挑剔。有的人没有什么好朋友，总也找不着对象，和谁也合不来，经常换单位，为什么？那是因为他谁也看不上，甚至会因为别人的一些小毛病，而忽略了别人的优点。有的人不允许自己在公共场合讲话时紧张，更不能容忍自己紧张时不自然的表情，一到发言时就拼命克制自己的紧张，结果越发紧张，形成恶性循环。有的人不允许自己身体有丝毫不舒服，经常怀疑自己得了重病，经常去医院检查。其实，每个人都有缺点和不足，都会有紧张、不适的体验，这是正常的表现，必须学会接受它们，顺其自然。如果非要和自然规律抗拒，必然会越抗拒越糟糕。

完美主义的人表面上很自负，内心深处却很自卑。因为他很少看到优点，总是关注缺点，总是不知足，很少肯定自己，自己就很少有机会获得信心，当然会自卑了。不知足就不快乐，痛苦就常常跟随着他，周围的人也一样不快乐。学会欣赏别人和欣赏自己是很重要的。

完美主义的人容易只顾细节而忘记了主要目标，让别人觉得他“捡了芝麻丢了西瓜”。工作常常因此而没有效率。无论什么时候对人对事儿都不能要求完美无缺、美玉无瑕，总会有某处某点不尽如人意，没必要求全责备，不要怕存在问题。任何事情都是在发现问题解决问题的过程中实现的。

8. 会思考，吾日三省吾身

世界现代史上有这样三个人：第一个人年轻时曾经信奉巫医，酗酒成癖，嗜烟如命，有两个情妇；第二个人刚刚走上社会时最大的特点是贪睡，每天到中午才起床，每晚要喝一千克白兰地，曾因吸食鸦片被两次赶出办公室；第三个人曾经是国家级战斗英雄，坚持素食，不吸烟，只是偶尔喝一点啤酒，在整个青年时期没有任何违法犯罪的记录。

在这样三个人中，哪一个能成为造福人类的人呢？毋庸置疑，多数人的选择都是第三个人。然而，这个选择是大错而特错了。这三个人都是第二次世界大战期间的风云人物：第一位是富兰克林·罗斯福，身残志坚，连任四届美国总统；第二位是温斯顿·丘吉尔，英国历史上最著名的首相，曾获1953年诺贝尔和平奖；第三个是臭名昭著的阿道夫·希特勒，一手夺去了几千万无辜生命的法西斯恶魔。

人，过去是什么样子，未必不会变成另外一副样子。如果要改变，就一定能改变。改变成什么样子，最终取决于他自己。

孔子曰："吾日三省吾身：为人谋而不忠乎？与朋友交而不信乎？传而不习乎？"意思是："我每天都要反省：为人做事是不是忠实？与朋友交往是不是讲信用？老师传授我的学业是不是复习了？"自省对管理者来说同样重要，通过自省，进行自责，能够及时检查并发现自己的每一个细小过失，进一步有目的地严格要求和提高自己，防微杜渐，从而不断鞭策自己前进。

学习、自我更新不仅仅是指对新知识的学习，还包括了对各种新的经验、新的观念的接受，这是避免失败的前提。乐于自省的人是工作、生活中深思熟虑的人，乐于自省是一个人自觉性的表现，能这样做，其进步必然快。古人云："反己者，触事皆成药石。"一个人只要多反省自己，任何事都可以变成自己的借鉴，就可以不断总结经验教训，提高自己。

著名的心理学大师荣格曾经形容人到中年就等于是走到了"人生的下午"，这是既可以回顾过去又可以展望未来的阶段。荣格指出，在下午的时候，就应该回头检查早上出发所带的东西，究竟还合不合用？有些东西是不是该丢弃了？理由很简单，因为"我们不能照着上午的计划来过下午的人生，早晨重要的事物到了傍晚可能就显得微不足道，早晨的真理到了傍晚可能就已经变成谎言”。人生路上，或许你过去已成功地走过早晨，但是，当你用同样的方式走到下午，却发现生命变得不堪负荷时，这就是该丢弃一些东西的时候了。这就好像一个人去旅行，如果带了太多的行李上路，那么他在尚未到达目的地之前，就已经把自己弄得精疲力竭了。唯一可行的办法就是去芜存菁，把那些多余的行李扔掉。

“吾日三省吾身”无疑是一种自律与自我调节的功课。那么，作为一名管理者怎样做到“三省”呢？

（1）要有自律的心态。在我们不断塑造自我的过程中，自我心态的管理是自我管理的第一步。在工作中，对我们影响最大的莫过于我们的情绪，是选择积极的态度还是消极的态度将直接影响我们的工作。

要做到自律，管理者要善于随时调整自我心态。在工作中，不管遇到多大难题和忍受多大委屈，都要及时调整，并优化情绪，使自己始终保持积极的心态。

（2）自律必须先自省。管理者要做到吾日三省吾身，因为反省是成功的加速器。如果管理者经常反省自己，有利于去除心中杂念，进而可以理性地认识自己，对事物有清晰的判断；也可时刻提醒自己改正过失。管理者只有全面地反省，才能真正认识自己，对自我角色有正确的定位和认知，从而避免落到上下难做人、里外不是人的地步。

因此，每日反省是做到自律不可或缺的关键步骤之一。管理者要将反省自己作为日常工作的一个重要组成部分。不断地检查自己行为中的不足，以及时地反思失误之原因，不断地完善自我。

（3）自律须理性。主观偏见往往是禁锢心灵的罪魁祸首。在管理过程中，管理者的见识和行为总是受制于它，往往会做出错误的决策。

因此，管理者要想自律，就必须理性，并善于发现并尊重事物本身的规律，切勿凭空猜疑、固执己见或者主观臆断。办事情做到要有周密的计划，按章办事、有法可依。

（4）善于进行自我激励。人的一切行为都是受到激励而产生的，善于自我激励的管理者会使自己永远具有前进的动力。即使面对棘手的难题、处于困境，都不会选择投机或放弃，而会通过自律，使问题得到圆满解决。

（5）善于磨炼自己的意志。自律和意志是紧密相连的，意志薄弱者，自律能力较差；意志顽强者，自律能力较强。自律对于个人的事业来讲，发挥着重要的作用，加强自律有助于磨砺心志，反之亦然，善于磨炼自己意志的人，会具有超强的自律能力。

（6）付诸行动。自律形成于行动中，也只能体现在行动中。那些整天梦想着自己变成一个自律的人的人，最终只会是空做白日梦，那些单纯靠读几本自律的书就妄想做到自律的人也只是空想家，那些只会不停地自我检讨的人也终无法体会自律的真谛。只有真正认识了自己并付诸行动的人，才能不断完善自己，才能最终养成自律的好习惯。

总之，管理者要勇敢面对来自各方面的一次次对自我的挑战，不轻易地放纵自己，哪怕只是一件微不足道的小事。久而久之，自律便会成为一种习惯。

9. 释放你的亲和力，不做员工的监工

亲和力源于人对人的认同和尊重，很多时候，亲和力所表达的不是人与人之间的物理距离的远近，而是心灵上的通达与投合，是一种基于平等待人的相互利益转换的基础。真实的亲和力，以善良的情怀和博爱的心胸为依托，是一种发自内心的特殊禀赋和素养。

国外的一些企业家十分重视管理者亲和力的强弱，尤其是服务行业，把它作为从业人员必备的素质。良好的亲和力能拉近领导与员工、员工与客户之间的心理距离，从而产生最大化的管理效能和经济效益。

亲和力是人与人之间信息沟通、情感交流的一种能力。具有亲和力的人，会每天都保持自信乐观向上的心情去面对每一个人，对每一个人都不觉得陌生，会视他们为熟人、朋友、老乡、亲人，这将使别人加深其信任感。

亲和力有助于与陌生人之间的沟通和交流，人都是有感情的，陌生人当然也不例外，感情的沟通和交流能够让人和陌生人之间建立一座信任的桥梁。信任的建立将会有效地消除人与人交流的难度。

北风和太阳要一比高下，都认为自己的威力最大。它们打了一个赌，看谁能把路上少妇的衣服脱下来。北风发威，刮起了寒风，不仅没有吹下少妇的衣服，而且少妇将衣服越裹越紧。太阳则不急不忙，温度慢慢升高，少妇初感温暖，后来发热，不得不慢慢脱下了厚装。

这个故事说明，亲和温暖的威力大于严厉粗暴。

管理者的亲和力就是与员工打成一片，把员工当亲人，没有官腔，没有架子，没有敷衍。待人处事人性化，多发现下属的优点，多理解下属的难处，多帮助下属排忧解难。古语说："君之视臣如手足，则臣视君如腹心；君之视臣如犬马，则臣视君如国人；君之视臣如土芥，则臣视君如寇仇。"

现实生活中却有些管理者，生怕别人不知道他是领导，喜欢打官腔、端架子，没有半点亲和力。其结果是下属见了形同路人，有的下属与他打招呼，都懒得答理一声，难免使下属心生怨气。有时下属表面尊重，实际疏远，见面说话打哈哈，话到嘴边又咽下，不把真心交给你，这样的管理者又怎样能够当得好呢？

一个不具亲和力的人，对人是没有吸引力的，说白一点，他在社会上的认可度、知名度、影响力都要大打折扣，从而对企业外围的经营和发展造成不利影响；在企业内部也是一样。没有亲和力的领导者上层不满意，下属不开心，关系紧张，工作压力大，彼此形不成默契，人人处在一种隔离的状态中，导致管理跟不上，工作难顺畅，凝聚力难形成，员工的情绪更难以愉悦，服务心情和服务质量自然可想而知。亲和力的重点和难点在于对人的亲近，那该如何提升自己的亲和力呢？

（1）倾听。倾听是获取声音的一种姿态，含有尊重、重视的意思。在企业，领导者能够经常倾听下属和员工的声音是双方都高兴的事。领导者能从声音中获取信息，了解情况，帮助决策；下属和员工能从倾诉里感觉自尊，增加归属感和成就感。

（2）谦逊。“稻穗是越成熟，头越低垂。”同样道理，人越伟大，越谦恭恳切。只有那种半桶水的人，才会摆架子、自大。公司也一样，规模越大，从业人员的态度，也应更加谦恭恳切，否则将破坏公司的信誉，也会受到社会的指责。

（3）沟通。在企业管理中，善于与人沟通的人，一定是善于与人合作的人；不善于与人沟通的人，也一定是不善于与人合作的人。善于与人沟通的领导者，能用诚意换取下属的支持与信任，即使管理过于严厉，下属也会谅解而认真地执行；不善于与人沟通的领导者，即使命令再三，下属也不愿接受，其结果必然怠慢工作。

（4）宽容。古人曰：“宽以济猛，猛以济宽，宽猛相济。”“治国之道，在于猛宽得中”。领导宽容，就可以使近者悦远者来，天下归心。有许多事情，当你打算用愤恨去实现或解决时，你不妨用宽容去试一下，或许它能帮你实现目标，化解矛盾，化干戈为玉帛。宽容是一种仁爱的光芒、无上的福分，是对别人的释怀，也即是对自己善待。宽容是一种生存的智慧、生活的艺术，是一份从容、自信和超然的态度。

第二章 领头羊所共有的特征

杜拉克说:“在当今世界，管理者的素质能力决定企业的成败存亡。”而成功的管理者在任何一个团队中都是一个赋予团队生命力的因素。

很多企业的管理者都听说过羊群效应——头羊往哪里走，后面的羊就跟着往哪里走。那么，怎样才能成为一名领头羊呢?

1. 合作精神

曾有两个饥饿的人，得到一个长老的恩赐——一根鱼竿和一桶鲜活的鱼。第一个人把鱼竿拿走了，第二个人拿走了一桶鱼，之后他们就各走各的路了。得到鱼的人找来了干柴，搭起了篝火，煮起了鱼，他把所有的鱼都吃完了。另外一个人提着鱼竿继续忍受着饥饿，艰辛地一步步走到海边准备去钓鱼，可当他看到不远处那片蔚蓝的大海的时候，他身上一点力气也没有了，就只能眼巴巴地带着遗憾离开人世。之后一样有两个人，他们同样得到了长者恩赐的鱼竿和一桶鱼。这次他们并没有像前两个人那样各走各的路，而是共同商量去寻找大海。他们每天只吃一条鱼，经历了风风雨雨艰辛地来到了海边，自此之后两个人就开始以捕鱼的方式来维持生活。过了几年后他们又盖起了房子，都有了自己的家庭、自己的渔船，从此他们过上了幸福快乐的生活。

成功哲学的奠基人拿破仑·希尔曾经说过这样一句话："如果人们能以和谐的精神协调互助，他们的心力便形成一种能量，成为创造巨大财富的基础。"被称为摩托大王的本田宗一郎和藤泽武夫，就是这一伟大真理的忠实实践人。

本田宗一郎在年轻时，是一个醉心于创造发明的汽车修理工人。第二次世界大战结束之后，一批陆军通信机上的微型发动机因无法再派上用场，便像废品一样堆放在仓库里。本田知道这个消息之后，于是就以低价把它们买了回去。本田在把它们改进之后，将它们装在自行车上面，人们把这种以马达为动力的自行车形象地称为"吧嗒吧嗒"

车。因为战后的日本公共交通已经落后了，本田宗一郎的“吧嗒吧嗒”车一上市，在很短的时间内就销售一空。于是本田和河岛一起共同努力，研制出了50CC的A型发动机，这种发动机一问世，便使“吧嗒吧嗒”车的月产量猛增到1000多辆。这件事发生之后，他们研制的发动机的马力愈来愈大，摩托车也就这样诞生了。

但是，尽管本田生产出的产品供不应求，并且生产规模还不断地扩大，但是他们并没有赚到钱财。虽然本田在发明创造方面是顺顺利利的，但在经营管理和销售上却一筹莫展，公司的发展面临严峻的考验。本田宗一郎深深地感受到：公司发展得越快，所生产的产品就会越来越多，那么，公司破产的可能性就会越来越大。就在这时候，本田认识了精于经营管理的藤泽武夫。他们在第一次见面时，就已经感觉到彼此之间是最佳的合作人选。

本田和藤泽武夫在认识的最初日子中，只要两个人在一起，不管是吃饭，或者是走路，都在旁若无人地规划公司的“明天”。有的时候，他们仿佛被什么迷住似的，只要一讨论就会讨论到深夜。后来藤泽武夫曾经回忆说：“这样的状态大概维持了两三年，所以，我们以后不用见面就可以猜透对方的想法以及心情。”

从此以后，本田就把精力全部都放到摩托车的研制、开发和改进上，而藤泽则全盘负责经销与管理。藤泽刚进入本田公司时，可谓百废待兴。藤泽每次都是一马当先，战斗在最前线，无数次力挽狂澜，拯救本田宗一郎和本田技术研究工业公司于危难之中。本田曾经屡次想把董事长的位置让给多谋多才的藤泽，自己担任负责技术开发的副董事长。但藤泽坚决推辞，并且他自己还发誓这一生绝对不当第一把手，说只有这样，心情才可以更加的舒畅，说话的时候也可以随随便便的，能迅速处理事务，董事长也可以完全放心。而事实上，从他们分管的业务上来看，到底谁是董事长根本就分不清楚。他们彼此之间非常信任，可以始终摆正位置。最终，他们两个人都成了这个社会上的大赢家。

一个企业要想做大做强，就要善于与人合作，只有形成“团队合力”才能齐心合力，聚合能量创造辉煌。

曾有个人到天堂和地狱去观看，他发现一个奇怪的现象：天堂和地狱中的每一个人都坐着相同的桌上，餐具也是相同的，他们所吃的饭菜也是相同的。可是，生活在天堂中的每一个人都是满面红光，精神都是那么的愉快；而生活在地狱中的每一个人面貌都是那么的憔悴，而精神也是那么的萎靡。

原因究竟何在呢？后来，这个人又无意中发现了这样一个状况，天堂与地狱中的每一个人用来吃饭的餐具都是两米长的勺子：地狱中的每一个人用勺子盛了丰盛的饭菜给自己吃，可是，因为勺子柄太长了，不管怎么吃也吃不到勺子里的饭菜；而天堂中的那些人就不一样了。他们舀起饭菜并不是让自己吃，而是让别人吃的，这样，每个人都乐于把自己勺子中的饭菜给别人吃，所以他们每一个人都吃得红光满面。

原来，天堂与地狱之间的区别就在于人和人之间是不是合作。生活在天堂中的每一个人都心甘情愿和他人合作，所以他们的生活过得非常的美好，而地狱中的人们就不一样了，每一个人都是那么的自私，不愿意和别人合作，在他们的脑海中想到的只有他们自己，所以他们过得那么凄惨。

合作并不是普通意义上的人际交往，而是为了一个共同的目标结成的互助互利的双赢关系。合作起来的力量可以大于每个部分的总和。

2. 决策能力

我们一生会做出很多决定，而这些决定会成为我们人生的基石。这些决定，有些很糟、有些很不错。我们都知道自己所做过的重大决定，这些决定造成很大的压力或烦恼。我们每天都在制订数千个决策。做对的决定，比其他事情产生的影响都大得多。制订适当决策的能力是一生中最重要的一种能力，过去犯的错都可以追溯至当初错误的决策。不懂得预见的管理者不是真正的管理者。在任何组织中，只有管理者具备了预见的特质，才能高瞻远瞩，因势利导地制订出赢在起跑线的路线、战略，才能起到领路人的关键作用，打造出团队经久不衰的核心竞争力，使团队实现可持续发展。

每个人都是决策者，日常生活的各个方面都需要做决策。尤其对身为管理者的人来说更为重要。

做决策的目的，就是要能够把事情做好——透过别人来完成某些事情，产出想要的结果。如果我们想要有更好的结果，就需要做出更好的决策；而想要做出更好的决策，就需要做更多的思考。生活中，人们经常面临许多决策，作为一个管理者，更是如此。管理者的级别越高，做的决策越重大；决策越重大，其影响就越深远。如果重大决策出现失误，那无疑会使员工的努力付诸东流，使企业的财力、物力都遭到损失。管理学上有一句名言："100 个行动也无法挽救 1 个错误的决策。"说的就是这个道理。

决策能力是根据既定目标认识现状、预测未来、决定最优行动方案的能力，是管理者的素质、知识结构、对困难的承受力、思维方式、判断能力和创新精神等在决策方面的综合表现。

诺贝尔奖获得者罗伯特·西蒙教授说："管理就是决策。"拿破仑说："做决定的能力最难获得，因此也最宝贵。"管理者每天都必须对团队面临的各种问题做出决策——在环境复杂多变的环境中，管理者必须在信息不充分、情况不确定的情况下做出各种决策。在这种情况下，个人和群体的决策心理和行为方式对决策起着无形而巨大的影响，识别决策的心理效应、跳出决策的心理陷阱、改善决策的心理过程是提高不确定性决策效果的关键。

罗伯特·西蒙认为：管理就是决策，决策是管理的核心。它对企业决策者的能力要求是快速判断、快速反应、快速决策、快速行动及快速修正。决策能力是领导者为维持企业生存必须具备的、最起码的素质。科学决策是领导者知识素质的综合体现，也是他们的主要工作。决策水平的高低对企业的成败影响十分巨大，据美国兰德公司估计，世界上破产倒闭的大企业，85%是因领导者决策失误所造成的。

因此管理者在培养自己决策能力时应注意以下几点：

（1）克服从众心理。从众心理是指个体对社会的认识和态度常常受到群体对社会的认识和态度的左右。从众行为者的意识深处考虑的是自己的行为能否为大众所接受，追寻的是一种安全感。从众行为者认为群体的规范、他人的行为是正确的时候，就会表现出遵从；当他认为群体的规范、他人的行为并不合适，而自己又没有勇气反抗时，就会被动地表现为依从。从众心理重的人容易接受暗示，他们依赖性强，无主见，人云亦云，容易迷信权威和名人，常说违心的话，办违心的事。决策能力强的人，能摆脱从众心理的束缚，做到思想解放、不拘常规、大胆探索，因此他们能独具慧眼，发现一般人不能发现的问题，捕捉到更多的机遇。

（2）增强自信心。拥有自信心是具有决策能力者明显的心理特征。

没有自信就没有决策，增强自信心首先要有迎难而上的胆量。温斯顿·丘吉尔就说过："一个人绝对不可在遇到危险的威胁时，背过身去试图逃避。若是这样做，只会使危险加倍。但是如果立刻面对它毫不退缩，危险便会减半。绝不要逃避任何事物，绝不!"其次要变被动思维为积极思维。"凡事预则立，不预则废"，平时善动脑筋，关键时自然敢做决定。最后要培养自己的责任感和义务感，跳出个人的小天地，如此你的自信才能坚实可靠。另外平时交往注意选择那些有自信心、敢作敢为的人，时间长了，看得多了，你必然会受到积极的影响。

（3）决策勿求十全十美，注意把握大局。做事务求十全十美，不想有任何挫折或失误，那只能作茧自缚。如能识大体，把握大局，权衡出利弊得失，当机立断，才能尽快达到自己理想目标。持之以恒，你的决策能力和水平就会很快提高。

美国管理大师杜拉克说过："战略家要在索取信息的广度和深度之间做出某种权衡，他就像一只在捉兔子的鹰，鹰必须飞得足够高，才能以广阔的视野发现猎物，同时它又必须飞得足够低，以便看清细节，瞄准目标进行进攻。不断地进行这种权衡正是战略家的任务，一种不可由他人代替的任务。"

3. 组织能力

在小区健身区只见4个男孩在玩耍。路过的人看到其中一个男孩的举动，都十分感兴趣地停下来旁观：只见这个男孩中气十足又一脸正气地用手拨拉着其他3位小孩："你！站在他后面！你去那边！"而其他的3个小孩都乖乖地听任这位"大哥"的指挥，整整齐齐地排成一行。

旁观的大人议论道："看见没有？这个小孩刚刚10岁，现在就这么有组织能力，将来一定有出息。"

大人们对这个小男孩未来的判断是从这个孩子的组织能力开始的。由此可见，组织能力已经越来越受到人们的关注。在职场上，任何一家企业都需要善于驾驭复杂局面的管理人士。因此，具备了组织能力的职场人士相当于已经拿到了晋升的入场券。

组织能力是指为了有效地实现目标，灵活地运用各种方法，把各种力量合理地组织和有效地协调起来的能力。包括协调关系的能力和善于用人的能力等。组织能力是一个人的知识、素质等基础条件的外在综合表现。现代社会是一个庞大的、错综复杂的系统，绝大多数工作往往需要多个人的协作才能完成，所以，从某种角度讲，每一个人都是组织管理者，承担着一定的组织管理任务。

在职场上，个人的组织能力包括二方面：策略超群、以德服人、精神激励。要想成为一名优秀的管理者，必须做到以下几点：

（1）要像早年在学校一样多读书。组织能力在某种程度上是一种策略能力。书本中的知识不仅能充实我们的大脑，同时也能锻炼我们的思维能力。这为策略的部署奠定了坚实的基础。

（2）培养自己的语言组织能力。组织能力需要体现与表达。上乘的策略若不能靠伶牙俐齿表达出来，再好的想法也无济于事。同时，能言善辩、巧舌如簧也能给人一种能干与敏捷的印象，这在一定程度上也对升职有帮助。害羞胆小的人不妨找一些当众说话和说服他人的机会，一步一步锻炼自己的语言表达能力。假以时日，一定能变成一个能说会道的人。

（3）要注意养成自信与独立的人格特质。自信与独立能够令人由内而外散发一种气场，这种气场会获得周围人的尊敬和好评，有利于在团队中形成良好的口碑。

(4) 将自己的日常生活很好地组织起来。这一点常常被年轻人忽略——凌乱的房间，不规律的作息……这些都是缺乏组织能力的表现。如果我们能改掉生活上的不良习惯，制订有效可行的生活计划，组织能力也就慢慢培养起来了。

(5) 适当地演练自己的组织能力。例如，在好友之间组织一次书友会，或是聚餐，这都是组织能力的实战演练。演练一次比阅读十万字的理论更有效。

组织能力，说穿了就是领导能力。具备了这项能力，你就自然而然地为自己的成功开创出了一条有效的路径。

4. 善于授权

德鲁克认为，任何一个管理者，都没有足够的时间完成他想完成的事情。所以，管理者应该学会如何授权让别人去完成一些事情。管理者没必要事必躬亲，尽量放手让别人干，才是明智之举。然而，很多管理者并不明白授权给别人是多么重要的事。

有一家公司的某部门经理，工作认真负责，上司很赏识他，提升他做一个 14 人小组的主管。可他上任才两个星期，大家就发现：这位经理每天都好像很累的样子，总是眉头紧锁。他的上司决定要好好问一问是怎么回事。

经过约谈三四位员工及其他与他一起合作的主管后，精明的上司终于发现了问题的症结。因为这位经理做事很负责，所以大部分重要工作他都“一手包办”，就算剩下的“残羹”分给手下去做，他也要全程过问，大小细节都在他的严格控管之下。最后的结果是他的下属都在“游手好闲”，而他自己却疲于奔命。

事必躬亲者凡事不假外求，他们总是担心别人做不好工作。其实，管理者只要注重重点，然后汇集群力共同完成工作中的细节问题就可以了。通过授权，既节约自己的时间，大大改善自我效能，也能让下属找到对工作的自信。可见，卓有成效的管理者必是善于授权之人。

美国通用电气公司的总裁杰克·韦尔奇，是20世纪最伟大的首席执行官之一，被誉为“经理人中的骄傲”“经理人中的榜样”。在一次全球500强经理人员大会上，韦尔奇与同行们进行了一次精彩的对话交流：

有人说：“请您用一句话说出通用电气公司成功的最重要原因。”

他回答：“是用人的成功。”

有人说：“请您用一句话来概括高层管理者最重要的职责。”

他回答：“是把世界各地最优秀的人才招揽到自己的身边。”

有人说：“请您用一句话来概括自己最主要的工作。”

他回答：“把50%以上的工作时间花在选人用人上。”

有人说：“请您用一句话说出自己最大的兴趣。”

他回答：“是发现、使用、爱护和培养人才。”

有人说：“请您用一句话说出自己为公司所做的最有价值的一件事。”

他回答：“是在退休前选定了自己的接班人——伊梅尔特。”

有人说：“请您总结一个重要的用人规律。”

他回答：“一般来说，在一个组织中，有20%的人是最好的，70%的人是中间状态的，10%的人是最差的。这是一个动态的曲线。一个善于用人的领导者，必须随时掌握那20%和10%的人的姓名和职位，以便实施准确的奖惩措施，进而带动中间状态的70%。这个用人规律，我称之为‘活力曲线’。”

有人说：“请您用一句话来概括自己的领导艺术。”

韦尔奇回答：“让合适的人做合适的工作。”

美国第一代钢铁大王安德鲁·卡耐基之所以成功，除了他有可贵的创造精神外，还有一点非常关键，就是他善于识人和用人。卡耐基说过：“我不懂得钢铁，但我懂得制造钢铁的人的特性和思想，我知道怎样去为一项工作选择适当的人才。”

卡耐基进一步解释人才的重要性：“即使将我所有的工厂、设备、市场、资金全部夺去，但只要保留我的技术人员和组织人员，四年之后，我将仍然是‘钢铁大王’。”之所以如此自信，就是因为卡耐基能有效地发挥人才的价值，让合适的人做合适的事。

卡耐基虽被称为“钢铁大王”，但他却是一个对冶金技术一窍不通的门外汉，他的成功完全是因为他卓越的识人用人才能——总能找到精通冶金工业技术、擅长发明创造的人才为他服务。比如世界上出色的炼钢工程专家之一比利·琼斯，就终日在位于匹兹堡的卡耐基钢铁公司埋头苦干。

让合适的人做合适的事，说起来简单，做起来并不是一件容易的事情。一方面，团队领导要对团队内部每一个职位的工作内容有所了解，这样他才能够知道需要什么样的人才加入团队。另一方面，团队领导还需要对每一个团队成员的能力有所了解，既要知道他们的优势所在，又要了解他们的劣势、缺点。只有这样，才能把他们安排到合适的职位，充分发挥他们的优势，避免他们的劣势。

根据杜拉克的理论，管理者的真正定义是让别人做你想做的事，在这个过程当中，有无授权才是一个人是否真正走向管理者的标志。然而现实中并非所有人都习惯于授权，就如同我们见到有些管理者还是很喜欢亲力亲为一样，并且美其名曰是领导起带头作用。

为什么有的人不愿意授权？最主要的原因是习惯自己干，自己是因为干得好才被提拔起来的，所以显然自己比一般的人、尤其是下属要干得好很多。正因为没有人可以干得比自己好，这件事自己最拿手，所以就不会去授权；当然也有人担心一旦授权后，没法控制局面，从而不愿意授权；还有无人可以授权的情况出现导致管理者不愿意授权。凡此种种，都使得授权成为不可能。

其实，作为一个管理者，授权是提升自己非常必要的一环，不会授权的管理者不是一个合格的管理者。如同阿基米德支点一样，一个管理者要想成功，一定要找到一个支点，有了这个支点，才会有倍增的效应出现。就像评价一个管理者的成功是要看整个团队的成功一样，管理者的责任是在帮助整个团队成功，而不是个人的成功。

授权最起码有两大好处：一是可以将管理者自己从日常事务中解放出来，从而思考更重要的问题，你永远不用担心自己的潜力是否全部发挥完了，人的潜力几乎是无限的，重要的是学习。如果授权让别人干，我自己干什么？正因为你授权了，所以你可以去做更重要的事情，可以学习新技能、可以思考、可以创新、可以找到新的努力方向、可以思考更多的业务可能等。二是被授权者可以得到有效的锻炼与提高，有助于提升人际关系，尤其是建立信任关系，当每个被授权者能力提升以后，整个团队的能力就会得到极大的提升。这两点的结合就是达到了个人与团队的全面成功。

5. 善于应变

有一个穷人来找阿凡提，恳求说：“可敬的阿凡提，我想求您一件事情，不知道您肯不肯帮忙？”

“帮助人是光荣的事情，也是快乐的事情，你说吧。”阿凡提爽快地答应了。

“唉！”穷人长长地叹了一口气说，“咱们穷人日子真难熬啊！昨天，我在巴依开的一家饭馆门口站了一站，巴依说我吃了他饭菜的香味，逼我付饭钱。我当然不给，他就到卡子那儿告我。卡子决定今天判决。您能为我说几句公道话吗？”

“行，行！”阿凡提一口答应下来，就陪着穷人去见卡子。

巴依早就到了，正在和卡子高兴地交谈着。卡子一看见穷人，就迫不及待地叫起来：“你吃了巴依饭菜的香味，怎么敢不付钱？快把钱付给巴依！”

“慢一点儿，卡子！”阿凡提走上去，行了一个礼说，“我是他的弟弟，他没有钱，让我付钱给巴依。”

阿凡提从裤腰上取下一个小钱袋，举到巴依耳朵旁边摇了几下，问巴依：“你听见钱袋里响亮的声音吗？”

“什么？啊，听到了，听到了！”巴依说。

“好，他吃了你饭菜的香味，我付给你钱的声音，咱们的账算清了。”阿凡提说完，拉着穷人的手大摇大摆地走了。

一个人在紧急关头要懂得随机应变，不要过于死板。否则会变成刘姥姥进大观园——洋相百出。“穷则变，变则通”是古人总结下来的宝贵经验，无疑告知我们后人要学会灵活地看待问题，走不通时要变，想改变现状时也要变。在变化的形势下，管理者要学会应变，要善于应变，要在变中谋和，在变中取胜。优秀的管理者就是要善于在矛盾中做好管理，学会“戴着镣铐跳舞”，学会应变。

比如，你是一个生产厂长或者是部门主管，有一天，老总跟你说：“从今天起，我们每小时要开始生产 8 个了，我们的设备都改善了，不能像以前那样只生产 6 个了。”如果你回去跟员工说：“从今天起，我们每小时要开始生产 8 个了，我们的设备都改善了，不能像以前那样只生产 6 个了。”那一片造反声：做 8 个，要做你做去，你说的倒轻巧，做 6 个已经够累的了。这时你要把老总的话当作腹案，你要懂得去应变。这时你去把生产班长叫来，你说：“我们现在每小时生产几个了？我都记不得了。”你要装着真的不记得。班长说：“我们现在已经做 6 个了”。你说：“真的吗？已经做 6 个了，那能不能再多做几个？”班长说：“可是可以，但是不能加得太多。”你说：“做 9 个？8 个？”班长说：“8 个最多了，不能再多做了。”你说：“那当然，最多做 8 个，多了老总自己做去。”会让人觉得你在替下面人说话。

这时，班长就会对下面的员工说：“从明天开始，我们开始做 8 个了，我们现在的设备都改善了，不能像以前那样只生产 6 个了。”你说，跟班长说大不一样了，因为班长有资格，他长期和员工一起在一线。但是下面也有反对的：我们做 6 个已经够累的了，怎么能够做 8 个？这时班长就会镇压：“你有没有良心？谁说做不到，你不信，我做给你看。”“好好好，向班长学习！”

管理人员在应变中要不断提高敏锐性。敏捷的反应能力是指人在思维过程中，当机立断和及时解决问题的能力，这种能力是应变的基本功。作为管理人员面对突发的灾害、事件，是不容迟疑不决的，必须快速反应，迅速做出判断。作为管理人员必须能够在外部纷繁复杂的世界中，发现一些规律性的东西，那是一些常人看不见的东西，而要发现这些东西，就必须跳出已有的框架，扩展思维，站在更高处，更全面地看外界，但敏锐性的提高更在于日常的积累和观察。

应变能力高的人往往能够在复杂的环境中沉着应战，而不是紧张和莽撞从事。在工作、学习和日常生活中，要加强自身修养，遇事要冷静，学会自我检查、自我监督、自我鼓励，有助于培养良好的应变能力。一个成功的管理者的价值在于：做正确的事情，并帮助和带领下属将事情做正确。管理人员一定要具备概念思考和判断能力，因为领导力是要应对变化的。

世上万事都在变，只有一事不变，那就是“变”。变是永恒的。时代在变，社会在变，人在变，组织在变，市场在变，需求在变，万事万物都在变。“以不变应万变”的古老法则，在瞬息万变的信息时代、知识经济时代已不再灵通。如何应变？当代全球最具盛名的管理大师彼得·圣吉告诉我们：应变的根本之道在于学习。只有学习才能跟上变、适应变、超越变。管理人员在企业管理过程中，更应该提高应变能力，以宽广的眼界观察世界，正确把握时代发展脉搏，不断提高科学研判能力，在危机来临之前，提前做出应急措施。

6. 开拓创新

从前有个卖草帽的人，有一天他路过一棵大树，累了，便把帽子放下，坐在树下打起盹儿来，等他醒来时，发现身旁的帽子都不见了，抬头一看，帽子戴在树上的猴子头上，怎么办？他灵机一动：猴子喜欢模仿人的动作，他就试着赶紧把头上的帽子拿下来，扔来扔去玩，猴子也学着他，将帽子纷纷都扔在地上。卖帽子的高高兴兴地捡起帽子，回家去了。

卖草帽的人回家之后，便把这件事告诉给了他的儿子和孙子。

很多年后，他的孙子继承了家业。有一天，孙子在卖草帽的路上，也跟爷爷一样，在大树下睡着了，而帽子也同样被猴子拿走了。他想起了爷爷讲过的故事，于是他把头上的帽子拿下来，扔在地上玩，可是奇怪了，小猴子看看老猴子，老猴子对小猴子嘴里哇哇地叫，还直瞪着他看，这时老猴子对卖草帽的人说："你以为只有你有爷爷吗？"

阻止人们进步的最大障碍，并不是未知的东西，恰恰是已知的东西。因为过去的经验曾经带来过的成功，所以容易成为诱人的陷阱和前进的羁绊。世上万物都不是一成不变的。成功的经验也需要不断地创新。我们不能采取"孙子"那种恪守祖训的思维模式，尤其是现在，世界瞬息万变，总是恪守老经验、老方法是无法处理这些变化的问题的。

管理员工就像开汽车，司机在开车时须小心地看着指示器和路面，路面有新的变化，指示器的指针有变化，他就应转动方向盘，防止翻车撞人。管理员工也是如此，管理人员要让其员工在既定的轨道上运行，就要仔细观察、经常调整，以防止其出现偏误。在稳定的大企业中，管理者要多注意员工的各种变化，在基本管理框架内灵活地运用各种技巧管理下属。

老子曰：道法自然。前人的经验固然宝贵，但是事物的发展却不是一成不变的，我们不光要脚踏实地地继承，还要科学合理地运用、创造性地改造这些经验，使之成为我们自己的、更加实际的、更加宝贵的财富。太阳东升西落，我们的年龄也在悄然增长。很多时候，我们自以为经验很丰富，却往往忽视环境的变迁、事态的发展，不用心去思考而落后于时代。往往，我们遵循着老经验、老历史看问题、做事情，却忘记了“猴子也有爷爷”这个道理。事实上，任何守株待兔和拔苗助长式的思维和做法都是不切实际的。我们要想成功地实现自己的人生价值，持续成长非常重要。因此，管理者要勤于学习思考，善于改造经验，把那些不符合现代企业发展、过时的老做法、老习惯重新加以研究，取其精华，去其糟粕。

7. 敢于担当

一个团队管理者要想获得员工的信任，就要敢于承担责任。团队管理者勇于承担责任，可以让员工有精神寄托，可以减少员工的压力，从而减少员工犯错的机会。

有一个牙科医生，第一次给病人拔牙，拔完后病人把牙吞下去了，他说：“非常抱歉，您的病已不在我的责任范围之内，你应该去找胃病专家。”胃病专家用X光给病人做了检查之后说：“非常抱歉，牙齿已经掉到肠子里面去了，您应该去找肠病专家。”肠病专家同样做了检查之后说：“非常抱歉，牙齿已经不在肠子里面了，肯定掉到更深的地方去了，您得去找肛门科医生。”最后病人趴在了检查台上，医生用内窥镜检查后非常惊讶地说：“天呀，您这里竟然长了一颗牙齿，您得去找牙科医生吧！”

当然，这只是一个笑话，但是就像在工作中，我们每个人都承担着一定的责任，如果欲将自己本该承担的责任推给别人，结果只会使肩上的压力越来越大，是你要做的事，你就必须自己做。因此，责任从本质上说是一种与生俱来的使命，责任就是对自己所负使命的忠诚和信守，责任让人性得以升华，只有那些敢于承担责任的人，才能出色地完成工作，才有可能被赋予更多的使命。

当然，承担责任需要有广阔的胸怀，在很多时候，承担责任无异于承担风险，有时甚至蒙受委屈，而且承担责任还需要顾全大局的精神。做支撑者，只要是为了团队的利益，勇敢承担责任，解决了问题，那么你的凝聚力也会因此得到提升。如果你真的有责任，就应该接受别人的责备，说“我错了”意义非常重大，因为人难免犯错，所以大多数人都能原谅别人的过失，不要把所有的责任都推到别人身上，勇于承认自己的错误，可以提高一个人的信誉，并且有助于自我完善。

如果一个管理者只对别人提出要求而并不对自己提出要求，那么这些要求是不会产生作用的，而且也是不负责任的。如果员工不能肯定自己的上司是认真的、负责的、有能力的，他们就不会为自己的工作、团队和所在单位的事务承担起责任来。

要使员工在工作中愿意承担责任并且有成就感，必须由实现工作目标的人员同其上级一起为每一项工作制订目标。此外，确保自己的目标与整个团队的目标一致，也是所有成员的责任。管理者必须使员工的工作富有活力，以便员工能通过工作使自己有所成就。同时，管理者还应通过各项要求、纪律和手段承担责任。

一些人失败的原因往往是不愿意对自己负责，总是从其他人身上找自己失败的借口。如果仔细观察你会发现，这些失败者天天都在抱怨。例如，一个业绩不佳的汽车销售人员，就总是抱怨公司训练得不够多、广告打得不够大、车子的种类不够多样、颜色不够丰富。但事实上，这对自己并没有任何的好处。

管理者担任管理职务日久容易养成官僚作风，遇事变得谨小慎微，把困难推给他人。这样下去，管理者的管理职能必然名存实亡，同时也必将失去下属的尊敬。因此，管理者必须牢记：勇于承担责任是获取人心的最好办法。

美国企业管理协会分析了1812名成功的企业家，将他们的基本素质归纳为以身作则、能听取各种意见、能进行正确的自我批评等19个方面。中国古代的兵书也提出“最好的防御是进攻”。工作中出了差错，不论是管理者自己直接造成的还是下属造成的，管理者都应该勇于承担责任，这是取得员工信任和尊敬的唯一办法。敢于承担责任，是优秀职业经理人的重要特点。

史蒂文·布朗认为：“管理者如果想发挥管理效能，就得勇于承担责任。”杜鲁门任美国总统后，在自己的办公室挂了一条醒目的条幅：“扯皮到此为止。”每一位管理者都应该效法杜鲁门总统的格言。

所以，每一个管理都应该明白：企业是市场的管理者，老板是企业的管理者，部门领导是部门事业的管理者，团队成员是自己事业的管理者！虽身处位置不同，但素质要求同样重要。有什么样的思想，就有什么样的态度；有什么样的态度，就有什么样的行为；有什么样的行为，就有什么样的结果。谋定而后动，善思善动，是管理者优秀管理能力的切实表现！

8. 尊重他人

我们每个人都希望能得到别人的尊重，但想被尊重，就得先去尊重别人。常言道：“你敬我一尺，我还你一丈。”讲的就是这个道理。当你与别人初次见面时，你应该主动问好，对方也会以礼相待，对你一见如故。一个人能得到别人的尊重，无疑是人生的一种肯定。无论什么人，当他深切地感受到别人的尊重，就会激发起一种强烈的尊严感和责任感。可以这么说，对一个人充分的尊重，就是对他人格的看重和价值的认可。

在美国，一个颇有名望的富人在路边散步时，遇到一个衣衫褴褛、瘦骨嶙峋的摆地摊卖旧书的年轻人在寒风中啃着发霉的面包。有着同样苦难经历的富商顿生一股怜悯之情，便不假思索地将8美元塞到年轻人的手中，然后头也不回地走开了。没走多远，富商忽然觉得这样做不妥，于是连忙返回来，从地摊上捡了两本旧书，并抱歉地解释说自己忘了取书，希望年轻人不要介意。最后，富商郑重其事地告诉年轻人说："其实，你和我一样也是商人。"

两年之后，富商应邀参加一个商贾云集的慈善募捐会议时，一位西装革履的年轻书商迎了上来，紧握着他的手不无感激地说："先生，您可能早忘记我了，但我永远也不会忘记你。我一直认为我这一生只有摆摊乞讨的命运，直到你亲口对我说，我和你一样都是商人，这才使我树立了自尊和自信，从而创造了今天的业绩……"

富商万万也没有想到，两年前一句普通的话竟能使一个自卑的人树立了自尊心，一个穷困潦倒的人找回了自信心，一个自以为一无是处的人看到了自己的优势和价值，终于通过自强不息的努力获得了成功。

不难想象，这位富商当初即使给年轻人很多钱，如果没有那一句尊重鼓励的话，年轻人也不会出现人生的巨变。

尊重是一种强大的精神力量。尊重人、满足人的自尊，就能使人产生被认同感，从而对你产生感激心理。高明的管理者都十分重视尊重人。

同级管理者之间相互尊重，对于推进彼此的关系和公司发展也是相当重要的。只有互相尊重，才能互相信任、平等合作，形成一种融洽的关系。尊重是互相的。古语云："敬人者，人恒敬之。"只有尊重别人，才能受到别人的尊重。管理者要使同级尊重自己，就必须首先尊重同级的人格，敬重同级的工作和劳动，认同同级的作用。因为自己的狂妄自大而伤害到了别人的自尊心，就不可能得到别人的尊重。但是，现实中的有些管理者总喜欢单方面地要求别人尊重自己，却不懂得在要求别人的尊重的同时也应该尊重别人。须知，同级管理者之间在人格、地位上都是完全平等的，互相尊重才能一起合作共事。

王军是一家大型制造类企业的采购经理，在工作上颇有成就。他对下属要求很高，管理严格。因此，他便期望他的员工也能像他一样，一心扑在公司的事务上，为公司鞠躬尽瘁。

他要求他的下属在上班时不得擅自离岗，不得做与工作无关的事情，不得闲聊，不得接打私人电话，所有的时间都得在工作。他总是想方设法占用员工的时间，认为只有员工多做工作才能多出成绩。在他的管理下，员工总有做不完的工作，即便有些工作没有任何意义。

他还要求自己的员工养成“早到晚退”的习惯，让员工每天陪自己加班一个小时，即使员工无事可做，也要陪伴在身边。

假如员工没有养成这种习惯，那么加薪晋职的机会就比较少，而且可能被他战略性地冷藏，再无出头之日，要么就是莫名接到调职或解雇的通知。

他的举措显然引起了员工的怨言，他们抱怨自己完全没有私人的空间，随时都被经理管制和监督，好像自己是被卖给了公司，他们的自由受到了严重的限制，他们快要疯掉了。王军的工作也因此陷入了被动，士气低落，效率下降，人员流失，管理混乱等问题接踵而来。

马斯洛的需求层次理论告诉我们：人的需求遵循生理需求、安全需求、人际交往的需求、被尊重的需求和自我实现需求的递增规律，只有低层次的需求得到满足之后，人们才可以更加安心地工作，更愿意全心付出，达到自我管理和自我实现。

尊重员工是人性化管理的必然要求，只有员工受到了尊重，他们才会真正感到被重视、被激励，做事情才会真正发自内心，才愿意和经理打成一片，站到经理的立场，主动与经理沟通想法、探讨工作，完成经理交办的任务，甘心情愿为工作团队的荣誉付出。

9. 品德超人

管理者的道德品质在团队内有很强的示范效应，上行下效，传染性极大。一个道德修养好的人，可以带动自己周围的人，形成正直的风气；原本好端端的团体，来了一个不怎么高尚的“头儿”，过不了多久，就会春风散尽而邪气弥漫。为了避免这种情况的发生，管理者就要十分注重自己的道德约束，注重自己待人接物的方式，注重处理与同事、下属、家人的关系，保持一种良好的风范。

美国政府曾做过一项针对管理者素质的调查，曾要求接受调查的管理者就不同特点或能力对公司事业前途造成的影响力打分数。结果表明，“诚实”这种品质的得分最高，75%的人认为“诚实”对事业前途极有影响，“正直”和“诚实”被认为是管理者应具备的最基本的道德修养。

道德水准的高低同一个人的信念和理想有关。最高道德水准就是富于献身精神。拔一毛利天下而不为的人，就不能仅从道德方面分析他，他的行为是受其绝对利己主义的信念支配的。同样富于献身精神这种道德风范，也是和一个人以社会为公、以天下为公的理想分不开的。崇高的目标导致高尚的道德品质，高尚的道德品质又会形成一种巨大的精神感召力。领导的道德观念直接决定了他对别人的看法。

道德对于领导来说，不是装潢，不是娇饰，不是自欺欺人的光环。

管理者和追随者之间需要以心换心，以正直换取信任，以诚实赢得尊敬，以无私获取追随，以高尚征服人心。领导不是天使，但应该具备一些天使的品质，领导人应该是有才且有德者居之。

管理者必须通过自己的道德品质来吸引员工。员工往往对管理者的能力表示钦佩，进而服从，但是更多的时候是为管理者的道德品质所感动，进而产生无条件的服从和信赖。因此，管理者要注重自身道德品质的培养，虽然不能做一个伟大的人，但是一定能做个崇高的人。

对一个管理者的素质要求是多方面的，但品德素质始终是首位的。作为一名优秀的领导者，其品德必须超过被领导的下属，越是高层，品德要求越高。这是因为：

(1) 一个人的品德会直接影响自己的心理和行为。一个人的能力不仅取决于他的才智，而且取决于他的品德。对信息分析，对非程序化问题进行处理和领导艺术等无不涉及一个人的主观能动性。

(2) 管理者的品德会直接影响下属在工作中的心理和行为。管理者的高层次的品德，是无声的命令，比有声的行政命令要起更大的作用。可以说，领导的艺术首先取决于领导的品德，自身不正，就不能指望能发动他人去执行决策。新加坡前总理李光耀一直反对让他儿子当总理，唯一的理由就是避免“无声的反对”。

(3) 一个管理者不具备高尚的品德，就不可能进行人性化管理，更谈不上什么人格魅力了。但是，一个领导者具备了超人的品德，要想进行人性化管理，还必须具有很强的对人的理解力和自我控制力，这也就是目前最流行的、与智商相提并论的“情商”，它们是人格魅力的另一主要来源。

把自己和别人隔离开来，就不可能去理解别人，只有交流才能增进理解。在大多数情况下，私下交谈远比公开演说更为重要。与下属随便聊天，通过个人接触能比用其他任何方式更能赢得下属的忠诚，因为员工从中感到了平等及自我价值。因此，那些高高在上的领导者是做不好人性化管理的。其实，这也是缺乏谦虚精神的一种表现，称不上是一个具有高尚品德的领导者。

一个具有人格魅力的领导者，不但有很强的理解力，而且对自己的言行、举止有着很强的控制力。因为自己的一言一行既能树立形象，也能毁损形象。控制情绪是一个优秀领导者必需的素质，而心境的力量也会进一步增添其人格魅力。

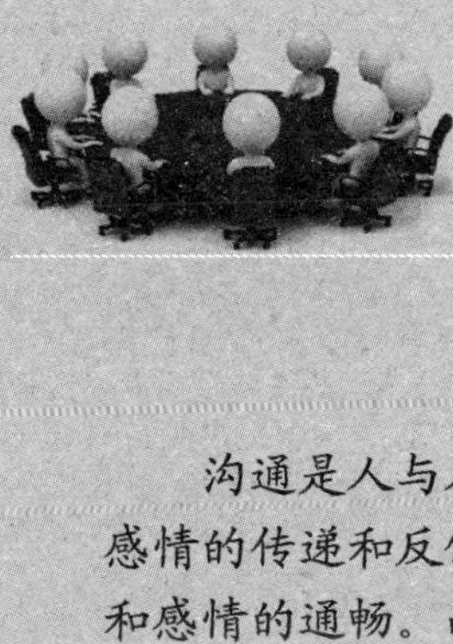

第三章 建立良好的沟通模式

沟通是人与人之间、人与群体之间思想与感情的传递和反馈的过程，以求思想达成一致和感情的通畅。而不注意表达方式，要达到良好的沟通结果是不可能的。没有良好的沟通模式，就无法推销你的观念、发表你的见解、提出你的要求。

1. 消除沟通障碍

人们沟通信息的过程中，常常会受到各种因素的影响和干扰，使沟通受到阻碍，管理沟通中产生“障碍”的原因大概有以下几种：

(1) 表达不清楚。具体表现在：第一管理者在沟通过程中不分对象，语言晦涩难懂，让人不知所云；第二管理者在沟通中措辞不当，中心思想表达不清楚，思想表达不严密，让人产生误解。由于表达不清楚，管理者往往需要花许多时间与精力去解释和纠正。

(2) 缺乏尊重。管理人员在沟通中不专心、不耐心、态度不友善不真诚，这些做法往往容易引起沟通对象对管埋者的对抗情绪，增加沟通难度。

(3) 顾虑太多。这种情况容易出现在管理者与平级或与上级沟通的时候。沟通时，管理者往往会生出许多顾虑，如沟通对象会不会生气、自己会不会挨批评、沟通对象会不会对自己有看法等。在这样的重重顾虑中，往往导致信息被粉饰后才传递，或者本应平级间沟通的信息有意推给上级，或者干脆将信息故意搁置起来不传递出去。

(4) 关系不清。管理人员没有搞清自己的职权关系，职能关系和协作关系，对传递什么信息、给谁传递、什么时间传递、采用什么方式传递等含混不清，导致该收到的信息被漏掉了，该在第一时间传递出去的信息被延误了，严重影响工作效率。

沟通，是人与人之间思想和信息的交换，是将信息由一个人传递给另一个人、逐渐广泛传播的过程。著名组织管理学家巴纳德认为“沟通是把一个组织中的成员联系在一起，以实现共同目标的手段。”

没有沟通，就没有管理。沟通不良几乎是每个企业都存在的老毛病，企业的机构越是复杂，其沟通越是困难。往往基层的许多建设性意见未及反馈至高层决策者，便已被层层扼杀，而高层决策的传达，常常也无法以原貌展现在所有人员之前。

尽管每个组织都不可避免地存在沟通障碍，但许多沟通障碍都是可以防止和排除的。以下几点就是排除障碍的好方法：

（1）沟通要有明确的目的性。管理者在沟通前应检查沟通的目的。要对沟通内容有正确、清晰的理解，制订符合实际的信息沟通计划；还应该认清沟通的意义和目的。重要的沟通最好事先征求他人的意见，每次沟通要解决什么问题，达到什么目的，沟通者都应该清楚。此外沟通不仅仅是下达命令、宣布政策和规定，还是为了统一思想、协调行动。

管理者在与员工沟通时，要考虑信息对员工有无价值。因为有价值的信息才会引起员工的兴趣，使他们产生共鸣，这样才能使沟通产生预期的效果。管理者在沟通时还应尽量站在对方的立场上，多考虑对方的利益和需要，选择一些与接收者息息相关的信息或接收者最需要的信息，以提高沟通的效果。主管若能在下属受到主管批评后，主动与下属谈心，对对方的错误表示谅解，就可以加强主管与下属之间的沟通关系，防止双方的隔阂越来越深。

（2）沟通要有诚意，要取得信任并与被沟通者建立感情。沟通双方的感情会影响沟通的效果。要进行有效的沟通，管理者应避免以自己的职务、地位、身份为基础进行沟通，不能因身为管理者就独断专权，不能以自己在公司中的地位，给员工制造一种紧张的气氛。

如果员工对管理者在某一方面的不信任可能会波及其他方面，因而为了提高双方的信任度，使管理者可以接纳部属内心各种真实的想法，让员工感到什么话都敢跟你说，管理者应尽量在各方面得到员工的信任，以加强相互之间的有效沟通。管理者要有足够的诚意去与员工沟通，与员工进行信息交流，让员工发表自己的意见，应给员工创造一种轻松、和谐的气氛，让员工觉得这是上司征询我的意见，邀我参与，这是他信任我，相信我能做好。

（3）设计固定畅通的沟通渠道，形成沟通常规。如果没有明确的沟通渠道，企业就必然呈现自发的无组织状态，以致别人提供的信息并不需要，而需要的信息又无法提供，效能下降。

随着企业规模扩大、人员增加、机构复杂、信息流量上升，为使信息能有序地流动，管理者一定要建立稳定合理的信息传播体系，以便控制企业内部的横向及纵向信息流动，使各部门及员工都有固定的信息来源。不要搞得企业内部流言四起，扰乱整个企业的正常运转。法约尔曾经说过："召开各部门领导人的会议是使工作人员保持良好的状态、有利于其完成自己任务的最好方法之一。"因此，应定期召开会议，其作用体现在：一是通过领导人介绍全面的情况，各部门介绍各自的情况，做到上情下达，下情上传，各部门互通信息，从而增进了解，缩小认识的差距，促进合作的协调；二是在互通信息的基础上，针对某个问题进行沟通，协调解决方案，有利于问题的彻底解决。

总之，沟通是领导者激励下属的基本途径，领导者应运用领导艺术，采取符合员工心理和行为规律的激励措施，来调动其积极性。经常性的沟通和交流可以使团队成员彼此了解，消除彼此的隔阂和误会，消除和解决矛盾与纠纷，从而有利于良好人际关系的形成。

2. 沟通要抓住本质

要想实现完美的沟通，只有排除双方的沟通障碍，在沟通过程中抓住沟通的本质内容，把握谈话的核心主题。据相关企业培训管理的调查数据表明，需要进行沟通语言培训的员工超过80%，与上级、同事、客户等日常沟通中出现困扰的员工超过60%，有的人经常阅读关于沟通的书籍，但是不知如何实际运用。

每一天，每一位职场人士都会面对各种不同场合的沟通交流和挑战。你提出的升职加薪的请求老板拒绝了，这是一种沟通的挑战，你的孩子病了，而这时领导却要派你去外地出差……如果这些问题处理不当，我们就会陷入沟通危机，双方都会陷入沟通的僵局，最终导致两败俱伤。

沟通作为管理活动和管理行为的重要构成部分，是企业和其他一切管理者最为重要的职责之一，是人类行为的基础。但是，在现实的管理活动中，我们常遇到很多头痛的事情，如部门之间无法协调，公众评价对你不利，你的想法别人无法理解，不知道如何表达不赞同的意见等。这一切都说明，良好的沟通能力是一个管理者必须具备的基本条件。

在沟通中，为何双方说了半天也没有抓住沟通的本质？为何已经布置了工作，下属却连个反应都没有？出现这些“沟”而不“通”的情况，主要是由于没有用心沟通。只有在沟通之前排除双方的沟通障碍，在沟通过程中抓住沟通的本质并根据说话内容及时做出反馈，才能实现完美沟通。

两点之间最短的距离是直线，但在人和人之间，最短的距离是曲线，有些话就是不能直接说，这就是职场沟通的潜规则。企业80%的矛盾和误会都来自于沟通不畅。一家企业的发展20%靠战略，80%靠执行，执行的80%在于充分的沟通，而企业80%的矛盾和误会也基本都来自于沟通不畅。怎样做才能达到一个充分的沟通效果？比如，你看“悟”字，竖心旁，五个口，那你就经常跟人沟通嘛，用心跟五个人交流，这五个人也用心跟你交流。如果你能找到五个跟你用心沟通的朋友，那你这一辈子真的就能悟到道了。了解对方想听和不想听的、喜欢和不喜欢的，以及对方的担心、顾虑等，如此便打开了人与人之间沟通的大门。高品质的沟通，应把注意力放在结果上，而不是情绪上，沟通从心开始。沟通能力是评价一个人素质高低的重要指标。

沟通对于企业的重要性更是不言而喻。可以说，沟通成本是企业最大的成本。没有沟通的效率，就没有企业运营的效率；没有沟通的质量，就没有企业运营的质量。没有良好的沟通，企业就没有凝聚力；没有良好的沟通，企业就没有战斗力。因此，提高每个员工的沟通能力，尤其是管理者的沟通能力，是提高企业管理水平的重要途径。

在企业的管理中，沟通就好比人的血脉，在生活中也同样重要。假如沟通不畅，就像血管栓塞，最后导致严重的后果。因此，要学会沟通，掌握沟通的途径，因为它不只是语言，还包括动作、姿态、眼神、表情等。有时，一个眼神，一句“我来了”，抱一下肩膀，笑一笑……都会有很大的作用，让你工作开心、事业有成。但在当今的许多企业中，管理者良好的沟通能力已经成为激发组织智慧和活力的关键因素，甚至关系到企业未来的发展。然而，并不是所有的管理者都能够做到有效的沟通，都能够在与上级、下级和平级的沟通中做到游刃有余，他们有时会陷入种种沟通误区中。

中国人自古以来就主张“有话直说”。只是我们需要“适时、适地、适人、适事”而“适当调节有话直说的程度”。因此提出“逢人只说三分话”的原则，经由“交浅不言深”的标准来考量，做到“事无不可对人言”的地步。

如果说“传统”逢人只说三分话，而“现代”不过是“不管三七二十一，反正有话就要直说”。那么，传统与现代的区别，几乎局限于“成熟”与“浅薄”，根本和进步与否无关，我们怎么能够盲目地反传统、崇现代呢？反过来说，“现代”的“有话直说”若是“也要适当地配合情境来掌握分寸”，请问与“传统”有什么不同？难道“由不懂得传统道理的人，将自己认为西方有的、我们没有的翻译过来，就成为现代”吗？偏偏现代社会，充满了“知东不知西”或“知西不知东”的人，又何以沟通东西两方的文化呢？

全世界的人都希望有话直说，却由于各地的风土人情有所差异，因而产生不同的沟通方式，这是民族性的区别使然。中国人喜欢自由自在、不受约束，当然也乐于有话直说。但是太多“先说先死”的案例，使得我们深切体会“祸从口出”的道理；因而主张“慎言”，做到“应该有话直说的时候，当然应该有话直说；不应该有话直说的时候，当然不应该有话直说”的“中道”境界，形成中国人的沟通功夫。总之，看到太多因为不会沟通、无效沟通造成的失误、失败，所以建议管理者都要学好沟通、学会沟通、做好沟通。

3. 善于倾听不同的声音

管理在很大程度上就是人与人的沟通问题，80%的管理问题都是沟通不畅所导致。在职场中，有不少管理者是不善于倾听的，尤其是不愿倾听下属的意见，这样当然无法与下属进行良好的沟通，从而影响了自己的管理工作。管理者一定要明白，倾听与否直接体现了管理者对下属的态度，怎样倾听则反映了管理者的管理水平。

美国的一家大公司有一位销售经理，他对该行业的特点一窍不通，可却能得到下属的尊重，并被认为是一位好领导。每当推销员需要他的忠告时，他却不能告诉他们什么——因为他什么都不懂！但尽管如此，这个人却懂得如何去倾听，因此，不论别人问他什么，他总是回答："你认为该怎么做？"于是推销员会提出方法，他认真倾听并点头同意，最后，推销员总是能够满意地离去，心里还想着，这位经理真是了不起！

是否倾听反映的是管理者对下属的态度，如何倾听则关系到管理者的水平问题。如果管理者认为自己听见了就是在倾听，那是不准确的，因为倾听不仅仅是用耳朵，更要去用"心"。有机会多听不同的声音，并把它当成财富一样收集起来，合理地融于自己的认知和决策，这是寻求合理公正的表现，也是管理成熟的一个重要标志。

纽约市前市长柯奇每到一个地方都会问别人："我这市长干得怎么样？"他并不是每次都能得到肯定的答复，但每个答复对他来说都是可贵的资料，使他能够明了他的属下在治理纽约市的政务方面有哪些是对的，哪些是错的，并以此来改进自己的工作。同样，有一位成功的领导人，他每次接管一个团体后，都用同一种个别谈话的方式展开工作。他会单独问每一个下属："你的工作情形怎样？有什么困难？我如何帮助你？我用什么办法可以使你的工作轻松一些？"这样，他很快就了解了新团体的工作内容和其中的问题，于是迅速地制订有效的方法。

人们往往认同从众心理，但我们却忽视了另一个重要问题：真理未必是大家都认可的东西，有时，它可能来自不同的声音。不同的声音往往来自一些有争议的问题。通过辩论，思路会越辩越清，问题也会越辩越明。辩论的价值在于不同的人大胆地陈述自己的观点，在于靠集体的力量来寻找问题的解决办法，在于让有偏离事实真相的认识归正，并心悦诚服地尊重真理。

善于倾听是一种美德，是一种境界。俗话说，沉默可以使傻子变成聪明人。美国女企业家玛丽·凯曾说："不善于倾听不同的声音，是管理者最大的疏忽。"因此，学会倾听比交谈更加重要。特别对于管理者来说，善于倾听下属的意见或建议，是管理水平的直接体现。倾听在管理工作中相当重要，当员工明白自己谈话的对象是一个倾听者，而不是一个居高临下的管理者时，他们会毫不隐瞒地说出自己的心里话，提出建议，分享情感。这样一来，管理者就能更容易地解决问题。

4. 用好提问，沟通更有效

人们在工作和生活之中每时每刻都进行着沟通，以至于大家对于沟通这个概念已经非常熟悉了，但什么是沟通，可能很少有人进行过认真、深入的思考。多数人都不能予以全面的回答。据此，我们推测，善于运用沟通技巧，并能够进行有效沟通的人可能更少。

事实正如我们所推测的一样，在实际工作当中许多很有才能的人，由于沟通能力存在问题而无法充分发挥才能；一件本来很好的事情由于沟通环节出现问题导致结果适得其反……因此，如何进行有效沟通，对于提高工作效率非常重要！

沟通就是信息（情感、观点、事件等）的流通和传递。沟通的途径多种多样，我们最常用的是语言沟通。美国斯隆学院的行为科学家们对语言沟通过程中的说话、聆听、思考三个活动的速度进行了多次试验，得出了这样的结论：思考速度＞聆听速度＞说话速度。另外，行为科学家还通过不同的信息传递手段，对获取信息的有效性进行了多组对比试验，得出的结论是：信息经提炼后再传递给聆听者，其记忆的效果远远好于不加整理且没有重点的叙述和图片展示。

这两组试验的结论对如何进行有效沟通产生了很大的启发，使人们能够运用科学的试验结论，对比自己的沟通行为，认真思考一下在日常沟通过程中是否存在不适当的行为：提供的信息越多越好，不停地灌输自己的观点，不管聆听者的反应；信息长篇累牍，没有重点……事实证明，这样的沟通往往效果不好，我们需要从信息沟通的流转过程入手，分析这些问题存在的原因，并提出解决措施。

在《学习的革命》一书中有句名言："唯一愚蠢的问题是你不会问问题。"有人说，靠勤奋、靠聪明就可以完成任务、达到目标。但很多时候，你要达到目标也有"捷径"可循，"提问"便是一条直通目标的"便捷"之道。

同事要见一个大客户，做了一番"功课"，几个人开会研究了要谈什么内容以及怎么谈。对资料收集、整理和分析之后，大家各抒己见，从各个角度进行了论证，可谓挖空心思。讨论差不多了，感觉良好，从品牌到商业模式，再到传播推广和产业化等。但这时有人在旁边不经意地说："这个客户是做代理的，不是厂家，你们的模式好像是厂家的模式。”真是一语惊醒梦中人啊。

白忙了几个小时，前期功课虽然没有完全白做，但解决问题的思路错了，还得重来。按照重新讨论的解决方案跟客户沟通过后，客户感觉良好。

成功始于沟通，不善于沟通者难以达成职业的成功。无论是与外部客户，还是与内部同事，对上级或对下级，不善于沟通，既无法正确地理解对方，达成协同与合作，也无法有效地表达自己，塑造自身的影响力。

沟通不畅，会导致低效，还可能产生误解，甚至协作失败。沟通无处不在，顺畅高效的工作、良性运作的团队、积极顺利的跨部门合作，以及美满幸福的生活都缺少不了良好沟通的作用。

说话滔滔不绝，乐于表现自我，并不等于善于沟通。成熟的沟通者，善于倾听，懂得提问的诀窍，懂得如何使用复述技巧澄清问题，推进交流。所以，提问是很重要的。没有好的提问，你只能在问题的外围转悠，永远不会触及核心，谈何达成目标！

管理者经常忽略一个事实，员工是有自主意识和自主能力的知识型员工，很多事情，员工完全有能力自己决定思路和行动步骤，无须管理者事无巨细地交代，更无须管理者时刻监督在身旁。

在这样的背景下，管理者对员工的辅导经常是告诉、告诉、告诉，他们认为他们的职责就是告诉员工该做什么，该怎么做，该使用什么工具，该出什么结果。他们几乎把所有思考的工作都自己做了，留给员工的只剩下执行、执行、执行。所以，慢慢地，员工不思考了，员工对问题视而不见了，员工对经理失去信赖了，经理的权威和影响力也就不见了。

更有一些经理人，看到员工没有严格地执行自己的想法，就一屁股坐在员工的座位上，亲自做了起来，做完之后，还不忘告诫员工：

"小李，这个事情就这么简单，你看这么一调整，这个报告就好看多了，这样做才是一个职业的做法，下次记住啊！"可怜的小李只能不住点头："领导说的对，下次注意，下次一定做好。"实际上，下次小李还是不能做好，为什么？因为经理只教给了员工具体的做法，而没有告诉他为什么这样做，这样做的背后意味着什么，而且，经理亲自把关键环节处理掉，小李没有动手的机会就意味着失去一次体验和感悟的机会，只是看，是没有切身体会的，自我提升也就无从谈起。

其实，经理人其实忽视了一个重要的理念，那就是，沟通传递的是想法，而非信息。很多人在沟通的时候喜欢只自顾自地说个不停，很少顾及对方的反应，也没有和对方形成互动，自己说过瘾了，沟通就结束了。这样的沟通效果是很差的，经理经常会认为员工在听。实际上，员工真的在听吗？员工可能想："经理今天是怎么了，是不是和家里人吵架了，心情不好，莫名其妙地说了一堆东西，好无聊啊！"

员工是否在听，经理是无法控制的。如果经理想知道员工是否在听，唯一的做法就是问员工问题。问员工问题的目的是想得到自己要得到的答案，也就是说，经理不是要告诉员工做什么，而是要让员工说出他们自己的想法，当员工的想法和经理的出现偏差的时候，经理可以进行引导，启发员工说出的想法和自己的想法一致，如果能够做到这一点，沟通的效果就达到了。

这样的沟通才是启发员工思考的沟通，才是帮助员工树立意识的沟通。一个人对自己没有意识到的东西很少会主动思考和主动行动，当员工在经理的帮助下，意识到了某个事情该做，而且具体的行动步骤都是在经理的启发下自己决定的时候，员工的责任感就树立了，员工对目标和行动步骤有了自主权，这个时候，意识和责任这两个关键词都同时具备了，那么这个时候的行动的效果就不言而喻了。

管理是通过他人获得成功的艺术。经理的任务不是告诉，更不是命令，而是与员工共同寻找答案。当经理通过提问，启发员工思考的时候，当员工在经理的帮助下自己找到解决方案的时候，经理和员工的绩效管理体系就得到了提升，在帮助员工成长的同时，经理也就成了最大的受益者。德鲁克讲过，当他的经理在问他问题的时候，他搞不清楚到底谁受益更多，因为教的同时也是学习的最佳时机。

通常，提问是为了得到信息。要解决自己遇到的问题或给他人提供意见或解决方案，都需要有足够相关的信息。然而，如果作为一名经理人，问题的答案变得次要了。这些信息不是为经理所用，也不是必须有完整的回答。经理只需要知道员工自己得到了足够的信息，员工给出的答案常常还给经理提供新的线索，有利于继续提出新问题，同时，也可以使经理监督员工，看其是否走在有价值的合理的沟通道路上，是否与自己的打算及公司目标一致。

5. 积极主动沟通

沟通的重要性不言而喻，然而正是这种大家都知道的事情，却又常常被忽视。没有沟通，就不能正确地传达工作信息；各种信息不能正确地传达就会造成企业的各项决策的失误，导致企业发展受挫。反之，企业内部良好的沟通文化可以使员工真实地感受到沟通的快乐和绩效，加强企业内部的沟通管理，既可以使管理层工作更加轻松，也可以使员工提高工作绩效。同时还可以增强企业的凝聚力和竞争力，因此我们每个员工都应该从战略意义上重视沟通，积极开展有效的沟通，必要时运用各种培训和制度来引导与激励员工进行沟通。

春秋战国时期，耕柱是一代宗师墨子的得意门徒。不过，他老是挨墨子的责骂。有一次，墨子又责备了耕柱。耕柱觉得自己非常委屈，因为在众多门生之中，大家都公认耕柱是最优秀的，但又偏偏常遭到墨子的指责，让他面子上过不去。一天，耕柱愤愤不平地问墨子：“老师，难道在这么多学生当中，我竟是如此的差劲，以至要时常遭您老人家责骂吗?”墨子听后，毫不动肝火：“假设我现在要上太行山，依你看，我应该要用良马拉车，还是用老牛来拖车?”耕柱回答说：“再笨的人也知道要用良马来拉车。”墨子又问：“那么，为什么不用老牛呢?”耕柱回答说：“理由非常简单，因为良马足以担负重任，值得驱遣。”墨子说：“你回答的一点也没错。我之所以时常责骂你，也只因为你能够担负重责，值得我一再地教导与匡正。”

虽然这只是一个很简单的故事，不过从这个故事中，可以给企业的沟通管理带来一些很有益的启示：

(1) 员工应该主动与管理者沟通。优秀的企业都有一个很显著的特征——企业从上到下都重视沟通管理，拥有良好的沟通文化。员工尤其应该注重与主管领导的沟通。一般来说，管理者要考虑的事情很多很杂，许多时间不能由自己主动控制，因此经常会忽视与部属的沟通。更重要的一点，管理者在下达命令让员工去执行后，自己并没有亲自参与到具体工作中去，因此没有切实考虑到员工会遇到的具体问题，总认为不会出现什么差错，导致缺少主动与员工沟通的精神。作为员工应该有主动与领导沟通的精神，这样可以弥补主管因为工作繁忙和没有具体参与执行工作而忽视的沟通问题。试想，故事中的墨子因为要教很多的学生，一则因为繁忙没有心思找耕柱沟通，二则没有感受到耕柱心中的愤恨，如果耕柱没有主动找墨子沟通，那么结果会怎样呢?

(2) 管理者应该积极和部属沟通。优秀管理者必备技能之一就是高效沟通技巧，一方面，管理者要善于与更上一级沟通；另一方面，管理者还必须重视与部属沟通。许多管理者喜欢高高在上，缺乏主动与部属沟通的意识，凡事喜欢下命令，忽视沟通管理。故事中的墨子作为一代宗师差点就犯下大错，如果耕柱在深感不平的情况下没有主动与墨子沟通，而是消极抗拒，甚至远走他方的话，一则墨子会失去一个优秀的可塑之才；二则耕柱也不可能再从墨子身上学到什么，也不能得到更多的指导了。对于管理者来说，“挑毛病”尽管在人力资源管理中有着独特的作用，但是必须讲求方式方法，切不可走极端，“鸡蛋里挑骨头”，无事找事就会适得其反，挑毛病必须实事求是，在责备的过程中要告知员工改进的方法及奋斗的目标，在“鞭打快牛”的过程中又不致挫伤人才开拓进取的锐气。从这个故事中，首先要学到的就是身为主管有权利也有义务主动和部属沟通，而不是只是高高在上发号施令。

（3）沟通是双向的，很多误会都可以在沟通中消除。沟通是双方面的事情，如果任何一方积极主动，而另一方消极应对，那么沟通也是不会成功的。试想故事中的墨子和耕柱，他们忽视沟通的双向性，结果会怎样呢？在耕柱主动找墨子沟通的时候，墨子要么推诿很忙没有时间沟通，要么不积极配合耕柱的沟通，结果耕柱就会恨上加恨，双方不欢而散。如果故事中的墨子在耕柱没有来找自己沟通的情况下，主动与耕柱沟通，然而耕柱却不积极配合，也不说自己心中的真实想法，结果会怎样呢？双方并没有消除误会，甚至可能使误会加深，最终分道扬镳。

所以，加强企业内部的沟通管理，一定不要忽视沟通的双向性。作为管理者，应该要有主动与部属沟通的胸怀；作为部属也应该积极与管理者沟通，说出自己心中的想法。只有大家都真诚地沟通，双方密切配合，那么我们的企业才可能发展得更好更快！

6. 来一点点幽默

幽默作为一种激励艺术，在日常的交往中有着重要的作用。在富有幽默艺术的领导、主管周围，很容易聚集一批为他效力的员工，员工在与他们的主管共事时，主管的幽默会化解许多尴尬情景，使员工保住面子，并为有你这样的主管而高兴，并为你勤奋工作。

幽默的主管比古板严肃的主管更易于与下属打成一片。有经验的主管都知道，要使身边的下属能够和自己齐心合作，就有必要通过幽默使自己的形象人性化，那么怎样才能使自己成为一个幽默的主管呢?

管理者恰如其分地运用幽默会激励员工，使之在欢快的氛围中度过与你相处的每一天。当然幽默是一种创造性的本领，要随机应变，根据对象、环境以及刹那间的气氛而定，但也需注意以下技巧：一是不要随意幽默。幽默并不是随时随地都可以运用的，应在某些特定的场合和条件下发挥幽默。例如：在一个正式的会议上，当你的下属在发言时，你突然冒出一两句逗人的话，也许大家被你的幽默逗笑了，但发言的那位下属心里肯定认为你不尊重他，对他的发言不感兴趣。二是幽默要高雅。三是不需要幽默时无须硬要幽默。如果当时的条件并不具备，你却要尽力表现出幽默，其结果必定是勉为其难，到底该不该笑一笑呢? 这会令彼此陷入更尴尬的境地。以幽默化解尴尬，方法多多，在此仅举四法：

(1) 自嘲法。适用于处境窘迫的场合。有了过错，受到别人过分嘲讽，可以顺着对方的思路通过自嘲化解之。不要忘记抓住对方弱点，反守为攻，攻其不备。当然，这需要反应快捷、拿捏到位、恰到好处。

比如，美国前总统克林顿被记者围攻，记者问："对于媒体对您与莱温斯基小姐绯闻的报道作何评价？"克林顿从容不迫地答道："取笑我的话已经被世人说尽了，再也没人能说出新鲜的了。"语言既尖锐又圆润，自嘲中带有反攻，一下子把球抛到了记者手中，话外音是：你们哪个有本事说出点新花样来？我洗耳恭听。果然，满场记者顿时语塞。克林顿的回答堪称自嘲法之范例。试想克林顿若表现出抵触情绪，或赤裸裸拒绝回答记者提问，必然招致媒体责难，引发起一轮更猛烈的进攻，那样的话自己就更加被动了。仅略施小技，就使得记者认输，再也无心恋战。幽默帮助克林顿渡过了难以逾越的难关。

（2）以其人之道还治其人之身法。有人挑起事端，企图以巧言戏弄你，陷你于尴尬境地。如果本意恶劣，而且过分，你完全可以幽默为武器予以还击。幽默素材最好取材于对方话题，让其自吞苦果，将尴尬不知不觉地转移给对方。对待恶人，这也属不得已而为之。有这样一个故事：一个自恃有才学的城里人，遇到一个乡下人，想奚落他一番，于是向他发难："请问这位老乡，你有几个令尊？"乡下人装作不知，反问："令尊是什么？"城里人以为得手，狡黠地一笑："令尊就是儿子的意思啊。"乡下人不动声色地说："噢，原来如此，那么请问您有几个令尊？"城里人没有思想准备，一时竟无言以对，气得直翻白眼。乡下人步步紧逼，佯作安慰状："原来您膝下无子。我倒是有两个儿子，可以过继一个给您当令尊，不知可否？"城里人偷鸡不成反蚀一把米，只好悻悻而去。乡下人做得有理有节，既给对方上了一堂"损人必损己"的课，又达到了维护尊严的目的。

（3）将错就错法。此法适用于同时化解自己与他人同处尴尬的场合。生活中经常发生这样的事情：一个人做事不慎造成你的尴尬，你若只顾排除自己的尴尬，全然不顾对方，也许会使对方陷入更深的尴尬之中，自己虽然将尴尬化解掉了，但心里并不一定舒服。在这种场合，最好的办法是将错就错，索性把双方的尴尬一起化解掉。列夫·托尔斯泰为我们做出了示范：有一次，托尔斯泰去火车站迎接一位来访的朋友，在站台上被一个刚下车的贵妇人误认为搬运工，便吩咐托尔斯泰到车上为她搬运箱包，托尔斯泰毫不犹豫地照办了，贵妇人付给了托尔斯泰五个戈比。此时，来访的朋友下车见到托尔斯泰，赶忙过来同他打招呼，站在一旁的贵妇人才知道这个为她搬行李的人竟是大名鼎鼎的托尔斯泰。贵妇人十分尴尬，频频向托尔斯泰表示歉意并请求收回那五个戈比，以维护托尔斯泰的尊严。不想托尔斯泰却表示不必道歉，和蔼地对贵妇人说："无须收回那五个戈比，因为那是我应得的报酬。"双方尴尬顿时化解在轻松的欢笑声中。

（4）欲擒故纵法。适用于化解朋友之间严重分歧的场合。好朋友产生严重分歧不免尴尬，处理不好还会分道扬镳。执拗乃人之本性，用一般方法，一个人是难以改变另一个人根深蒂固的观念或习惯的。但是若用幽默的方法，欲擒故纵，也许会收到意想不到的效果。

7. 态度要亲切

对领导者而言，与下属进行沟通是至关重要的。因为领导者要做出决策就必须从下属那里得到相关的信息，而信息只有通过与下属之间的沟通才能获得。

亲切是一条简单的应酬法则，它存在的理由是所有的人都有这种情感需要。比如在办公室里，如果领导者总是板着脸孔忙自己的工作，与下属的对话也仅仅限于工作状况如何等话题，那么下属就会终日有一种战战兢兢、如履薄冰的感觉，两个人的沟通自然很难达到一个较高水平。相反，如果领导者能经常面带微笑，在一些小事方面想着下属并经常给予关怀，在谈话中不时流露出对部下的由衷赞美，那么下属的那种紧张心理自然会迅速解除，而这种亲切的态度还会激励下属加倍努力工作。

亲切的一个重要表现是肯定。心理学家威廉·詹姆士说过："人类本质中最殷切的需求是：渴望被肯定。"约翰·杜威说："做个重要人物的欲望，是人性中最深刻的动力。"而卡耐基博士则认为："肯定是人类交往的一条最重要的法则。如果我们遵循这条法则，就几乎永远不会出问题。事实上，如果遵循这条法则的话，就会带给我们无数的朋友以及无限的幸福。但一旦违反了这条法则，我们就会惹上许多麻烦。"

领导者要记住这样的格言："你见到别人的时候，一定要高兴，如果你期望他们很高兴见到你的话。""你的笑容就是你好意的信使，你的笑容能照亮所有看到它的人，对那些整天都皱着眉头、愁容满面或者面无表情的人来说，你的笑容就像穿过乌云的太阳。"这就是亲切的魅力。

领导者谈话时要平易近人、和蔼可亲，不要总是板着面孔打官腔、摆架子，也不要做可能干扰下属工作或有损下属威信的事。只有这样，才能使下属对领导者有亲近感、平等感，才能在谈话中开出灿烂的精神之花。

因此在和他人交谈的过程中，有些态度和表现是相当忌讳的。这些态度和表现很可能使管理者丧失交谈中的主动权，导致交谈的失败。这些忌讳主要是：

（1）不要有优越感。用一种优越于其他人和事的态度与他人交谈，会让自己很快地陷入不利的地位，从而失去了对话的机会。从人格上讲，任何人都并不比他人优越，在企业中，必须和他人形成良好的互动关系才能将工作做好。从这点出发，聪明的人根本就不应该产生优越感。有些人认为自己的能力如何如何强，他人的能力简直可以忽略，于是在与人往来中滔滔不绝地发表意见，反驳别人的意见，其实这些都是认为自己有优越感的表现。殊不知真正决定管理有效与否的恰恰不是自己的优越感，而是与他人的配合。优越感太强的人是很难得到他人的认同的。

（2）不要无动于衷。对别人的请求，响应要及时，千万不要无动于衷。无动于衷就是傲慢，对他人的傲慢是让人十分鄙视的恶习。当希望他人对自己说的话有所反应时，就必须对他人说的话有所反应。当别人说了一个笑话，不管这个笑话好不好笑或者是否听过这个笑话，应尽量展露真诚的微笑。因为别人在说这个笑话之前已经声明了这是个笑话，就必须对这个笑话作出最合适的反应，而这个最合适的反应就是真诚地抱以一笑。

（3）不要好斗。在和他人的交谈过程中，应该尽量表现随和，可以通过热情和真诚来感化人，但是，请不要试图说服别人。争辩只能导致矛盾和不满，在和他人交谈的过程中，谁对谁错本身就是无所谓的事情，关键是要和他人形成一种有利于管理的关系。

（4）不要言过其实。对他人的赞扬应该有度，对自己的介绍更应该有度，过分的渲染或者热情都会让人产生虚伪的感觉。而虚伪的感觉一旦产生，自己以往所建立的诚信便会土崩瓦解。

（5）不要挖苦别人。别人不管说了什么做了什么，都不应该挖苦。即使别人在众目睽睽之下有任何不雅的动作或者不雅的言谈，都不应该挖苦他们。要注意时刻体谅别人，原谅他人的错误，因为体谅别人往往能够得到别人的认同。

8. 赞美是最美的语言

常言道："十句好话能成事，一句坏话事不成。"赞美、恭维的话人人都爱听，这是人们的共同心理。恰如其分的赞美肯定会让别人精神愉悦，赢得他们的信任和好感。

1921年，当查尔斯·史考伯成为美国钢铁公司的第一任总裁时，他就得到了100万美元的年薪，钢铁大王卡内基为什么给他如此高薪？史考伯认为自己得到这么多的薪水，主要是因为跟人相处的本领。"我认为，我那能把下属鼓舞起来的能力，是我拥有的最大资产，而使一个人发挥最大能力的方法，就是赞赏和鼓励！"他说，"再没有比上司的批评更能抹杀一个人的雄心。我从来不批评任何人。我赞成鼓励别人工作，因此我急于称赞，讨厌挑错。如果我喜欢什么的话，就是我诚于嘉许，宽于称道。"

管理者应当找出下属的优点，给他们诚实而真挚的赞美。他们必定会咀嚼你的话语，把它们视为珍宝，一辈子都在重述它们——即使你忘了他们之后，也许他们还在重复着。所以请记住这条原则：热情、真心地赞美下属、欣赏下属是管好下属的妙招。

美国玛丽·凯化妆品公司经理玛丽·凯说过："有两件东西比金钱更为人们所需要——认可和赞美。"金钱可能是调动下属积极性的有力工具，但赞美可能更有力，因为它唤起了下属的荣誉感、责任感和自尊心，下属的价值得到了认可和重视，会产生"士为知己者死"的神圣感情，他们会更加努力地工作，然而它的"成本"却十分"低廉"，所以说赞美不但是一种最好的方法，而且是花费最少收益最大的管人方法。实际上，每个人都渴望得到别人的认可和赞美，无论是身居高位的人，还是地位卑微的人；无论是刚进公司的年轻人，还是即将退休的老员工，概莫能外。人们普遍地容易接受那些赞美他们优点的人。

知道了赞美的巨大力量，管理者就应该不吝惜赞美，不妨自然大方地赞美下属。只要发现下属工作突出，立刻不失时机地给予赞美，不见得非是干出惊天动地的大事。

对提批评意见的下属，即使提得不正确，也可以赞美他对公司的责任感。如果留心，就会发现每个下属都有优点，都值得赞美。

同时，管理者在赞美时，注意要以非常公开的方式对下属进行表扬。一位外国企业家说："如果我看到一位下属杰出的工作，就会冲进大厅，让所有其他下属都看到这个人的成果，并且告诉他们这个成果的杰出之处，这样也可以当作激励。"这是一个很好的导向，每个下属要想获得赞美，必须好好地工作。

另外，赞美下属要注意真诚和客观。要发自内心地赞美下属，语言、表情是很严肃认真的，不能给下属以造作之感。赞美本身虽是好意，但不着边际、不关痛痒的赞美不会产生积极的效果，只有下属应该得到赞美的时候才赞美，下属心中才会感到无限喜悦，当事人认为自己不值得赞美而被赞美时，其作用往往是相反的。

赞美部下作为一种沟通技巧，也不是随意说几句恭维话就可以奏效的。事实上赞扬部下也有一些技巧：

（1）赞美的态度要真诚。赞美部下必须真诚。每个人都珍视真心诚意，它是人际沟通中最重要的武器。英国专门研究社会关系的卡斯利博士曾说过："大多数人选择朋友都是以对方是否出于真诚而决定的。"如果你在与下属交往时不是真心诚意，那么要与他建立良好的人际关系是不可能的。所以在赞美下属时，你必须确认你赞美的人的确有此优点，并且要有充分的理由去赞美他。

(2) 赞扬的内容要具体。赞扬要依据具体的事实评价，除了用宽泛的用语如："你很棒!""你表现得很好!""你不错!"最好要加上具体事实的评价。例如："你的调查报告中关于技术服务人员提升服务品质的建议，是一个针对目前问题解决的好方法，谢谢你提出对公司这么有用的办法。""你处理这次客户投诉的态度非常好，自始至终委婉、诚恳，并针对问题解决，你的做法正是我们期望员工能做的标准典范。"

(3) 注意赞美的场合。在众人面前赞扬部下，对被赞扬的员工而言，当然受到的鼓励是最大的，这是一个赞扬部下的好方式；但是你采用这种方式时要特别慎重，因为被赞扬的表现若不能得到大家客观的认同，其他部下难免会有不满的情绪。因此，公开赞扬最好是能被大家认同及公正评价的事项。例如：业务竞赛的前三名、获得社会大众认同的义举、对公司产生重大的贡献……这些值得公开赞扬的行为都是公平公开竞争下产生的，或是已被社会大众或公司全体员工认同的。

(4) 适当运用间接赞美的技巧。所谓间接赞美就是借第三者的话来赞美对方，这样比直接赞美对方的效果往往要好。比如你见到你的下属，对他说："前两天我和刘总谈起你，他很欣赏你接待客户的方法，你对客户的热心与细致值得大家学习。好好努力，别辜负他对你的期望。"

间接赞美的另一种方式就是在当事人不在场的时候赞美，这种方式有时比当面赞美所起的作用更大。一般来说，背后的赞美都能传达到本人，这除了能起到赞美的激励作用外，更能让被赞美者感到你对他的赞美是诚挚的，因而更能加强赞美的效果。所以，作为一名项目主管，你不要吝惜对部下的赞美，尤其是在面对你的领导或者他的同事时，恰如其分地夸奖你的部下，他一旦间接地知道了你的赞美，就会对你心存感激，在感情上也会与你更进一步，你们的沟通也就会更加卓有成效。

总之，赞美是人们的一种心理需要，是对他人敬重的一种表现。恰当地赞美别人，会给人以舒适感，同时也会改善与下属的人际关系。所以，在沟通中，我们必须掌握赞美他人的技巧。

9. 不说不该说的话

一个人能够约束自己的嘴，不论在何种场合下用语都很恰当，那么他就是有智慧的。也就是说该说的就说，不该说的就不说。不该说的也说了，就属于多言。言多必失，祸从口出，这都是古训，应该牢记。

有一只乌龟，因为天旱，找不到水喝而口渴得不能忍受。这时正好来了一只仙鹤，乌龟就哀求仙鹤带它到远处的池塘去。仙鹤便用嘴衔着乌龟飞行。飞到一个城市的上空时，乌龟忍不住对仙鹤说："这是什么地方？为什么不停下来看看呢？"仙鹤想回答乌龟的话，可刚一张嘴乌龟便从空中掉了下去，结果被人拣去宰了。

寓言的寓意很简单：世上那些愚笨的人就像这只乌龟一样，都是因为口舌不谨慎，给自己招来了灾祸。

人的嘴有两种功能，一是吃饭，二是说话。人的话有两种，一类是该说的，一类是不该说的。

会做人，就要管好自己的嘴，说该说的话，不该说的就闭口不谈。如果管不好自己的嘴，大言不惭，只会给自己带来危害。孔子说："一个人大言不惭，那他做起事来一定很困难。"宋朝朱熹也说："大言不惭，则无必为之志，而不自度其能否也，欲践其言，其不难哉!”说者容易，做者难。所以，大言不惭、夸夸其谈、自鸣得意、讥讽他人，最后往往会让自己陷入尴尬的境地。

那么在职场，这些话是不能对下属说的：

（1）“不关我事”。身为管理者，只要是公司的事情，事无巨细，都有一份责任。即使是完全在职责之外，态度和蔼地给予下属一些指引，也能表现出自己的成熟大度和礼貌。工作当中很多时候都是说者无心、听者有意，对下属说一句这样的话很容易将自己的形象彻底颠覆，对同事说一句这样的话会激发矛盾产生误解，对上司说一句这样的话可能意味着你该调整岗位了。

（2）“为什么你们……”。在责问别人时，想一想自己有没有什么过失，尽了多少力多少心。有时，宽容地对待别人的错误，会使人更加振作，更加进步。用一连串的“为什么”去发难于人，得到的也可能是一连串的“为什么”的答案。反过来问：为什么我没有配合好你们？你们有什么地方需要我？也许事情会解决得更快一些。

（3）“上面怎样骂我，我就怎样骂你们”。作为管理者，起的是一个上传下达的桥梁的作用，但绝不是一个简单的传递。对上，要忠诚尽责，完成任务；对下，要想方设法，给予激励、帮助、支持。敢于承受来自上面的压力，担负起责任，敢于缓和下级的紧张，创造和谐的工作环境，才是一个管理者最应该做的事情。

（4）“我也没办法”。管理者的能力，从某种方面来说，是用解决问题的能力来衡量的。只会强调客观原因，不会积极地去调动一切可用的资源，显露出来的肯定是无可奈何和对下属的打击。要相信办法总是比困难多，相信集体的智慧是可以攻克一切堡垒的。

（5）“我说不行就不行”。以自我为中心的话语，对事实没有合理的解释，是很难服人的。凡事不能以事实为依据，不能本着商讨的态度来解决，可能会使事态更进一步恶化。其实即使是错的意见，听听也无妨，应该是本着有则改之、无则加勉的心态来对待自己和别人。片面地做出判断，有时就是一种武断，说不行就不行，一定要有科学的分析和依据，这样才能降低判断的风险，保证判断的正确性。

(6)“你想怎样就怎样”。听起来像是气话，又像是不负责任的话。在产生一些争议时，当一些意见没有被采纳时，这样的话脱口而出，听者会认为，你的见解毫无用处，本来还有可接受的地方，会变得全盘否认，而且从此将可能不再向你征询看法和想法了。保持冷静的头脑和清晰的思维，说出所有的思想，提供参考，并不因没有被采纳而太过激动，是一个管理者良好的品质和性格。

(7)“你真的很没用”。奚落、讽刺、挖苦员工的话语会伤害员工自尊及感情，“哀莫大于心死”，表面上员工是在听你的，按你说的去做，但实际上员工只是在敷衍了事，因为他根本体会不到工作的乐趣，工作质量肯定不高。同时，因为奚落、讽刺、挖苦更多的是伤害员工的心灵，长期以往，员工的自尊被摧毁，自信被打击，智慧被扼杀，工作可能干得更不好，最后抱着“死猪不怕开水烫”的态度，对员工、对管理者、对企业的都是不利的。

(8)“我能力有限，谁行谁来做”。如果是真正认识到自己的能力有限，能够迎头赶上，自我充电，或许可说是一种有自知之明而且有上进心的表现，也算是一大幸事。但如果是用这句话来抵触工作，来嘲笑挖苦他人，来掩饰自己内心的慌张，全无挑战工作的意识，则可以说，说这句话的管理者无形中已丧失了一个管理人最基本的素养，他已不配再做管理者了。

10. 恰到好处地运用肢体语言

美国作家威廉姆·丹福思曾有这样一段描述："当我经过一个昂首、收下颌、放平肩膀、收腹的人面前时，他对于我来说，是一个激励，我也会不由自主地站直。"

这段话道出了身体语言对他人产生微妙影响的玄机。即便在你沉默不语的时刻，你的姿态、神情，已经在无声地告诉人们你是谁，并且一定程度地决定了人们将如何对待你。正如人们早已熟知的一项研究成果所示，在信息传达过程中，单纯的语言只发挥7%的功能，声调起到38%的作用，而体态、表情等身体语言却传递了55%的信息，而且因为身体语言往往是下意识的举动，因此更为真实、可靠。

有科学家做过这样一个实验，将一组几何图形拿给中风后神经损坏的病人看，病人对这组图形的识别率非常低。科学家随后拿出一组人物的表情和肢体动作的图片给病人看，病人对绝大多数图片做出了反应。经过研究，科学家揭开了其中的奥秘。当人体在接收视觉信号后，首先通过视觉神经将信号传导到丘脑，然后通过丘脑传导到大脑皮层，大脑皮层解读信息后发出相应信息以指挥人的反应。但人体在解读情绪信息时，路径却直截了当得多。当人看到表情或肢体动作后，视觉信号直接从丘脑传导到杏仁核，由杏仁核发出相应的反馈信息。换言之，人对表情和动作的解读是不经过意识的，因此，表情和动作对人的影响是直接而本质的。

在某种特殊情况下，肢体语言不但可以单独使用，甚至还可以表达出自然有声语言难以表达的思想感情，直接代替自然有声语言。

（1）使用的广泛性。肢体语言的使用简便快捷、灵活自由。只要人们张口说话，都会有意或无意地运用肢体语言来传情达意、交流信息。有时肢体语言甚至先于自然有声语言在口才表达接受者的心目中形成第一视觉形象，直接影响自然有声语言的表达效果；有时说话人在不开口的情况下，单纯运用肢体语言，也能传达一定的信息。在人类的交谈活动中，没有只运用自然有声语言而不运用肢体语言的。它总是与自然有声语言配合默契、协调一致、相辅相成、相得益彰。

(2) 表达的直观性。有声语言直接诉诸于人的听觉器官，不具有视觉的形象可感性；而肢体语言则不同，它以灵活多变的表情、动作、体姿构成一定的人体图像来表情达意、交流信息、直接诉诸于人的视觉器官，具有形象直观的特点。如形容物体的大小，用手势来比画，对某个事物表示赞成或反对，采用点头或摇头的方式等，就具有鲜明的形象直观性。

(3) 交谈中的对应性。肢体语言不但要与有声语言协调配合，而且交谈双方，要协调配合，双向交流，才能达到交谈的目的。美国著名人类学家霍尔曾指出这种人类交际的常见现象：一个人倾听别人说话时，总会望着对方的脸，尤其是他的眼睛；为了表示注意，听话者会轻轻地点头，或者说“嗯”、“是的”，如果哪句话他深表赞同，点头就点得很深；如果感到怀疑，他就会扬起或皱起眉头来，或者嘴角向下拉；要是不想再听下去，就会将身子挪一挪，把腿伸一伸，或者移开视线，不再注视说话人等。以上说的种种现象，正是对应性的表现。

(4) 对有声语言的依赖性。肢体语言对有声语言和具体言语环境的依存性决定了它表意的多义性。离开了自然有声语言，离开了一定的言语环境，肢体语言在当时特定的含义就不明确，就难于辨析和领会。

我们已经了解身体语言在人际交往中的作用，然而，真正将身体语言有效地运用到人际交往中去却不是一件很容易的事。这需要我们做两件事情：一是理解别人的身体语言，二是恰当使用自己的身体语言。

身体语言比口头语言能够表达更多的信息，因此，理解别人的身体语言是理解别人的一个重要途径。从一个人的目光、表情、身体动作与姿势，以及彼此之间的空间距离中，我们都能够感知到对方的心理状态。了解了对方的喜怒哀乐，我们就能够有的放矢地调整我们的交往行为。但是，理解别人的身体语言必须注意：同样的身体语言在不同性格的人身上意义可能不同。一个活泼、开朗、乐于与人交往的女孩子，在与你交往时会运用很丰富的身体语言，不大在乎与你保持较近的距离，也时常带着甜蜜的表情与你谈话。理解别人的身体语言，最重要的是要从别人的角度上来考虑问题，要用心去体验别人的情感状态。当别人对你表情淡漠时，很可能是由于对方遇到了不顺心的事，因此不要看到别人淡漠就觉得对方不重视你。

恰当地使用自己的身体语言，就要经常自省自己。自省的目的是检验自己以往使用身体语言是否有效，是否自然，是否使人产生过误解。了解了这些，有助于随时对自己的身体语言进行调节，使它有效地为今后的交往服务。

领导者要恰到好处地把握身体语言，以做好和员工的沟通，使得交流顺畅地进行下去。

第四章 为团队树立目标

“请告诉我，我该走哪条路？”

“那要看你想去哪里？”猫说。

“去哪儿无所谓。”爱丽丝说。

“那么走哪条路也就无所谓。”猫说。

这是《爱丽丝漫游奇境记》中爱丽丝与猫的一段对话。当一个人没有明确的目标时，别人说得再好也是别人的观点，不能转化为自己的有效行动。

1. 高目标是团队前进的动力

“一个心中有目标的普通职员，会成为创造历史的伟人；一个心中没有目标的人，只能是个平凡的职员。”在明确了自己的目标之后，合理地安排实现目标的步骤和计划，并按照这个计划脚踏实地地实施，这样，目标就形成了一股前进中的动力，不断地推动你前进。求其上者得其中，求其中者得其下，说的就是要有高的目标。

曾经有一个年轻人，由于职业发生问题跑来找拿破仑·希尔，这位年轻人举止大方，聪明，未婚，大学毕业已经4年。他们先谈年轻人目前的工作、教育背景和对事情的态度，然后拿破仑·希尔对年轻人说：“你找我帮你换工作，你喜欢哪一种工作呢？”年轻人说：“那就是我找你的目的，我真的不知道想要做什么。”

拿破仑·希尔希望他明白找职业以前，一定要先深入了解那一行才行。所以拿破仑·希尔说：“让我们从这个角度来看看你的计划，十年以后你希望怎样呢？”

年轻人沉思了一下最后说：“好！我希望我的工作和别人一样，待遇很优厚，并且买一栋好房子。当然我还没深入考虑过这个问题呢？”

拿破仑·希尔对年轻人说这是很自然的现象。他继续解释：“你现在的情形仿佛跑到航空公司里说‘给我一张机票’一样。除非你说出你的目的地，否则人家无法卖给你。”所以拿破仑·希尔又对他说：“除非我知道你的目标，否则无法帮你找工作，只有你自己才知道你的目的地。”

那么，目标到底是什么呢？目标要表达的概念其实很清晰：“我们为什么存在”“我们的价值是什么”。几乎每一个人，或是每一个团队都需要目标，因为有了目标，我们的人生就有了方向，同样，团队也就有了存在的价值和理由。

目标是一种方向，它回答了“我们往哪里去”这样一个问题。然而，很多人花费了一生的时间和精力也无法回答这一问题。正如著名后期印象派画家高更一般，他在临终前画下了一幅举世名作，这幅作品名为《我们是谁？我们从哪里来？我们到哪里去？》，这是一个富有哲学味道的命题。但是对于企业或是团队来说，不弄清楚“我们到哪里去”这一问题，无疑将失去存在的价值和意义。

我们时常谈及成功，也时常反思怎样才叫作真正意义上的成功。在不断探讨的过程中，我们发现，其实成功也是相对的，每个人内心中成功的标准都是不一样的。那么，是什么决定着一个人对成功的定义呢？是目标。例如，一位年轻人的目标是创业，那么成为一名优秀的企业家就是他最终的目标，这就将是他评价自己是否成功的标准。同样，一位立志于成为管理思想家的人就会以能否创造出改变企业命运的管理思想作为成功的依据。

对于一个团队来说，什么是高绩效？首先是能够实现既定的目标，如果连目标都无法实现，你的效率再高也是毫无价值和意义的。

（1）目标代表着团队行动的方向。任何一个团队都不能够失去方向。如果没有目标，团队就像是在大海中失去方向的航船，这是一种令人沮丧且无奈的结局。一旦如此，团队的人心将迅速涣散。

（2）目标是成功的保障。只有有了目标，我们才能够对自身所从事的每一项工作进行评估，从而确定自己是否走在通向成功的道路上。没有目标的人，就像是在黑夜中摸索着行走的人，等到天明时才会发现自己走错了方向。

（3）目标可以凝聚团队的人心，激发员工的积极性。糟糕的管理者与优秀的管理者对待目标的方式是不一样的，糟糕的管理者在每次对待新的目标时总是不断地埋怨，从心底里否定目标，觉得这是无法实现的。优秀的管理者则相反，他们欢迎目标，并将目标视为激励团队的机会，而且他们期待高目标。在他们看来，越高的目标越具备激励团队的力量。当然，他们也会对自己所领导的团队有着准确的评估，知道面对的并非是一个遥不可及的目标。

（4）清晰的目标可以消除团队中的不良状态，如某些员工的碌碌无为，以及一些员工的怨声载道。我们分析的失败团队中，有一些状况是令人无法接受的：很多人根本不了解自己应该做什么，更别说了解整个团队的目标是什么了，还有一些人则表现得无所事事，对于获得重视和奖励的同事冷眼相待，甚至在背后诽谤和诬陷表现突出的同事。为什么会出现这样的情况？因为管理者没有很清晰地传达团队和每一位成员的目标和任务，更没有准确传达每一位成员所承担的责任和价值。优秀的管理者总是能够使每一位团队成员感觉到自身不可替代的价值，使他们产生一种荣誉感和自豪感。

对于任何团队来说，目标都是不可缺少的。取得高绩效的团队通常拥有清晰的目标。

2. 用目标打造优秀团队

秋天到了，叶子黄了，一群大雁往南飞，一会儿排成人字，一会儿排成一字。

大雁就这样每年要飞行好几万千米，光是一天内就可以飞越好几百千米的距离，真是人世间的一大奇观，而它们就靠不断地互相鼓舞来到达目的地。野雁的叫声不但热情十足，而且足以给人以精神鼓舞。

“雁群排列成V（人）字形，当每一只雁鸟展翅拍打时，其他的雁鸟立刻跟进，整个鸟群抬升。借着V字队形，整个雁群比每只雁鸟单飞时，至少增加了七十一个百分比的飞行距离。”

大雁靠着共同的飞行目标来达到每年飞行几万千米，作为万物之灵的我们，只要目标一致，注重团队合作，必定也有提升71%生产力的潜能，以合作取代孤立，一起创造整体最大的工作价值。所以我们要有相同的目标，彼此之间互相督促，互相推动，这样才能更快速地到达目的地。

有些人喜欢什么事情都自己做，从不向别人请教，不愿得到他人的协助，这样虽然也能完成工作，却花费了更多的时间和精力，工作的效率也不见得高。就像一只脱队的野雁独自飞行，迟缓而且吃力。愿意接受他人的协助，也愿意协助他人，是每个人成功与否的必要条件。我们处在团队中，如果能充分利用团队的资源，就能像雁群中的每一只大雁，能利用前一只鸟所造成的浮力，事半功倍。因此我们除了本身的知识专长，还应该努力去学习别人会的技能，扮演多知多能的角色，与团队成员互相帮助，共同提高。

如果我们拥有像大雁一样的感觉，我们就会留在团队里，跟那些与我们走同一条路同时又在前面领路的人在一起，他们会带领我们走向成功。

一个优秀的团队远比一个人奋战好得多。要想在创业路上取得更好的成就，就必须聚集在一起。团队的重要性，毋庸置疑，一个好的创业团队，放在哪里都能发光；反之一个死气沉沉、没有战斗力的团队，还不如一人单枪匹马来得痛快。那么团队建设应该注意哪些问题呢？要怎样才能建设出一个战无不胜的团队出来呢？

（1）统一目标和思想。目标是团队的动力来源，也是成立团队的前提；而思想则是团队的灵魂。团队建设，一方面要解决的就是团队目标和思想的问题。试想如果一个团队没有自己明确的目标，没有属于自己的思想，那就会失去奋斗的方向。因此，团队建设的首要任务是建立一个统一的目标，而这个目标一定是切实可行的，在未来是有发展潜力的，更是长远的。如果鼠目寸光，那么也就没有建立团队的必要了。另一方面就是团队思想的问题，这也是团队能否在未来获得更好发展的一个重要指标。

（2）无规矩不成方圆。没有规矩，不成方圆。就算是团队也理应如此。一个团队必须建立自己的规矩，这个规则是告诉团队成员该做什么，不该做什么。也就是说团队也要制定自己的团队底线，这是很容易理解的。试想，如果一个团队没有底线，团队成员就会不断地突破行为底线，这样的团队不是真正的团队。制订相应规则不是让团队死气沉沉、毫无活力，而是放眼长远的做法，只有纪律严明的团队才能百战不殆。

（3）统一行动指标。一个好的创业团队，不仅仅要有统一的目标、思想以及相应的规矩，还应该在行动的时候做到相互沟通与协调，让行动统一有序，这样就能使整个合作流程得到合理的衔接，达到每个细节都能环环相扣的良好效果。统一行动，实质上就是建立团队成员的默契，提高团队成员的工作效率。这些都是一个优秀的团队应该具备的素质。

（4）互补的成员类型。在谈这一个问题之前，我们先来谈论一个问题：我们为什么要创建团队？如果我们自己已经能解决所有的问题，能完成所有的工作，那么我们就没有建立团队的必要了。之所以要建立团队，是为了集大家之所长，形成巨大的能量，走更远的路，做更多的事。但是每个人都不是完美的，都存在这样或者那样的缺陷，因此，在团队建设中我们必须要考虑的一点是团队成员的选择问题。一个好的团队是无所不能，每个方面都有能人的集合。因此，在挑选团队成员时，一定要记住成员的互补问题。这样才能集大家之所长来做更多的事情。

（5）不断学习进步。“活到老，学到老”这句话用在团队成员身上也是极其正确的。世界每一秒钟都在变，对于这个善变的世界，我们用什么来应付？靠什么来在这不断变化的社会中找到自己的一席之地？不断学习是最好的方式，为了跟上时代的步伐，这也是不得不做的事情。鼓励团队成员不断学习、不断进步，这才是放眼未来的做法。只有在最大程度上提高每一个成员的单兵作战能力，才能综合提高整个团队的实力。团队的力量是无穷的，要想做更多的事，获得更大的成就，就必须依托团队的力量。

3. 方向正确才不会迷路

大象、狮子、骆驼决定一起进沙漠寻找其生存的空间。在进入沙漠前，天使告诉它们说，进入沙漠后，只要一直向北走，就能找到水和食物。进入沙漠以后，它们发现沙漠比它们想象的大多了，也复杂多了。最为要命的是，它们不久就失去了方向。它们不知道哪个方向是北。

大象想，我如此强壮，失去方向也没有什么关系。只要我朝着一个方向走下去，肯定会找到水和食物。于是，它选定了它认为是北的方向，不停地前进。走了三天，大象惊呆了，它发现回到了原来出发的地方。三天的时间和力气就这样白费了。大象气得要死，它决定再走一次。它一再告诉自己不要转弯，要向正前方走。三天过后，它发现，它竟然又重复了上一次的错误。大象简直要发疯了，它不知道为什么会这样。此时，它又饿又渴，它决定休息后，再度出发。可是，接下去每一次都是相同的结果。不久，大象就精疲力竭而死。

狮子呢，它自恃奔跑得很快，便向自认为北的方向奔去。狮子想，凭我这样快的速度，再大的沙漠也能够穿越。可是，它跑了几天后却惊异地发现，它越是向前，越是草木稀少，最后，它已经看不到任何绿色植物了。它害怕了，决定原路返回。可是，当它原路返回的时候，又一次迷失了方向。它越是向前，越是不毛之地。它左突右奔，但是都没找到目的地。它最后绝望而死。

只有骆驼是一个智者。它走得很慢，它想，只要找到真正向北的方向，只要不迷路，用不了三天，一定会找到水和食物的。于是，它白天不急于赶路，而是休息。晚上，天空中挂满了亮晶晶的星星，骆驼很容易地找到了那颗耀眼的北斗星。每天夜里，骆驼向北斗星的方向慢慢地行走。白天，当它看不清北斗星的时候，它就停下来休息。

三个夜晚过去了。一天早上，骆驼猛然发现，它已经来到了水草丰美的绿洲旁。从此，骆驼就在这里安了家，过上了丰衣足食的生活。这里，骆驼成功的秘诀，显然在于它找准了前进方向。

这个寓言故事告诉我们，在做一件事以前一定要设立一个目标，沿着这个目标，才会引导你向成功之路迈进，并最终到达目的地。一个团队也一样，只有有明确的目标，团队成员才知道要向哪个方向努力以及怎么努力，没有目标的团队就没有存在的价值。团队目标要能够有效地分解成每一个团队成员的目标，这有利于成员个人目标的实现。团队不但要有目标，还要让成员的目标与团队目标一致，这样才能使大家劲往一块使。只有当个人目标与团队目标高度吻合，才能够目标一致、方向一致、步调一致。

松下幸之助被誉为经营之神，善于进行目标管理是其成功之一。

他担任社长时，常找机会向员工畅谈自己对未来的设想，1955 年他宣布自己的“五年计划”，计划用 5 年时间，使松下电器公司的效益从 220 亿日元增加至 800 亿日元。他认为，让员工彻底了解经营者的经营方针和理念，能够使他们有坚定的目标与期待。而且，他还充分考虑到员工的目标，他承诺如果能够实现这一公司目标，那么员工将享受与西方发达国家相等的薪资劳动条件。五年后，松下在员工面前发表的公司“五年计划”及员工的薪资承诺都一一兑现的时候，员工从此士气大振，他们与松下一道奋斗共同建立了松下电器王国。

团队没有目标就像没有灯塔的夜行船。松下幸之助给世人的忠告就是：一个团队没有目标，就会不思进取，进而也无法成功。给团队成员树立一个目标，然后向着目标前进，这就是团队成功的秘诀。

前几年，有一本书在管理界十分流行，那就是《致加西亚的信》，信最后能够成功送达，关键在于有一支目标明确并且行动一致的优秀团队，他们具有共同的愿景与目标——把信送给加西亚。在把信送给加西亚的35 天中，罗文只是担当了一个信使的职责，确切地说，他只是那个优秀团队中的普通一员，与他一起的还有更多的人——向导格瓦西奥·萨比奥、拉伊、送烤鸡和啤酒的老黑人、两个船夫、两个准备晚餐的厨师、两个接应换马的人、卡斯特罗上校、里奥将军、克拉索将军、赫尔南德兹上校、维塔医生，还有一些流亡的古巴人和 200 人的骑兵部队。罗文在送信的过程中，一路上有人接有人送，有人为他准备食物和车船，还有人做他的保镖，一切都安排得妥妥当当、恰到好处。试想想，如果仅仅依靠罗文孤身一人，能否把信送给加西亚恐怕还是一个问号。

正因为有了这样一个优秀的团队，并且这个团队拥有一个共同的目标——把信送给加西亚，才最终出色地完成了这个任务。共同愿景的树立必须由个人目标会聚而成，借着个人目标的能量，才能汇集成强大的共同愿景。要建立起团队的共同愿景，必须持续不断地鼓励成员树立自己的个人目标，如果一个人没有自己的个人目标，对共同愿景的态度也只会是附和、顺从，而不是发自内心真正的意愿。只有将组织强大的共同愿景转化为自己的个人目标，才能激励每一位员工。

4. 增强员工的归属感

心理学研究表明，每个人都害怕孤独和寂寞，希望自己归属于某一个或多个群体，例如有了家庭，有了工作单位，希望加入某个协会、某个团体，这样可以从中得到温暖，获得帮助和爱，从而消除或减少孤独和寂寞感，获得安全感。

在群体内，成员可以与别人保持联系，获得友情与支持；成员间在发生相互作用时，其行为表现是协调的，同一个群体的成员在一致对外时，不会发生矛盾和摩擦，彼此都体会到大家同属于一个群体，特别是当群体受到攻击或群体取得荣誉的时候，群体成员会表现得更加团结。

在我们团队中，如果个别员工缺乏团队归属感，领导者需要反省哪些因素呢?

(1) 个人的福利待遇如何。要想在收入上让每个员工都满意是一项比较艰难的事情，但是，人力是资本，而不是成本，更不是包袱，所以待遇要能满足员工基本的生活需求才能在最基本的层面上留住人，但待遇在人才管理中仅是一个保健因素。

(2) 个人的未来性是赋予员工归属感的重要组成部分。每个人都会考虑自己在企业中的位置与价值，更注重自己未来价值的提升和发展。企业若能提供机会帮助员工增强以上能力，是企业增强魅力、吸引人才的重要手段。

(3) 管理者领导风格是否具备亲和力。大海航行靠舵手，一个极具亲和力的领导者，会为员工带来感情上的归属感，精神层面的认同与寄托。领导者努力把自己塑造成一个受群众欢迎的人，让大家喜欢、信服，将会发挥员工强大的潜能，员工才会把公司当成家一样看待，才会视自己为家庭成员。

(4) 团队内部有没有形成和谐的氛围。一直以来我们主张快乐工作，健康生活。要想快乐工作，首先得有一个轻松、愉快的工作环境，团队中成员间的互帮互助、团结友爱、情谊深厚，也是建立团队归属感的重要组成部分，人视我如兄弟，我视人如腹心！

英格玛人力资源集团就是靠着打造企业和谐氛围来打造团队归属感的。2002 年英格玛人力资源集团成立以来，一个“小家庭”逐渐发展壮大为拥有 216 位家人的“大家庭”。这样一家以“家文化”为特色的企业，开始了渗透于工作和生活点点滴滴的家庭生活。不论男女，不管开心伤心，只要你需要家人的一个拥抱，你将立即得到最温暖的回应。每次开会为了摒弃严肃枯燥的氛围，家人们总以拥抱开始最后以拥抱结束。这就是英格玛的个性文化——拥抱文化。

如果你是英格玛家人，那么你的家人就是集团的家人。2004 年，作为全国首家实行“员工孝顺金制度”的公司，英格玛将“孝顺父母长辈”的传统美德融入到企业文化当中。企业每月从员工工资中代扣 50 元，公司再补贴 50 元，一年积累下来的 1200 元作为“孝顺金”由公司分别在中秋节和春节两次邮寄给员工父母。在寄“孝顺金”的同时，公司还会附上一封由总裁亲笔签名的慰问信，向员工家长汇报公司半年来的成长，春节还会寄上“员工家长问卷调查表”、贴好邮票的回邮信封和一张公司全年活动的 DVD 光盘。

“如果一个员工连自己的父母都不孝顺那一定不是一个好员工，哪怕他（她）再优秀我们都不要。”集团也将孝敬父母长辈列入英格玛人的十大标准中。

一位邮递员将汇款单递给员工的家长时感叹：“老张，你女儿单位真好！我递了十多年的信和报纸，只有你女儿单位给员工家长发孝顺金的，而且一年两次！”还有一位员工家长回信说：“非常感谢公司寄来的孝顺金！很多家长都不知道自己孩子在哪里工作，从事什么工作，更别说公司给我们寄孝顺金了！”

虽然归属感的铸就是一个艰巨的任务，但一旦形成，将会使员工产生自我约束力和强烈的责任感，调动员工自身的积极性而形成自我激励，最终产生投桃报李的效应。

5. 不断超越自我

成长中的人会不断地以新面貌出现。当今，时代的变化非常剧烈，日新月异已不足以形容这种狂飙期的状态，甚至在每分每秒里，时代的脚步都飞快地往前。唯有能够应付变化的人，才能获取胜利，跟不上变化的人只有被淘汰于时代之外。

蚯蚓这么小的动物都能靠自己的力量掘土前进，鸟儿都能自己筑巢，海狸都能自建堰堤，我们人类也该筑起自己的城堡。蚕儿都会自己吐丝，珠母都会自制珍珠，变色龙会随时变幻肤色以求生存，我们人类也应该努力适应环境的变化。俗语说：“世上无难事，只怕有心人。”只要肯努力，世上没有办不到的事。

美国成功学奠基人、最伟大的成功励志导师奥里森·马登博士说：

“刚造出来的航海罗盘，没有磁化前，指针方向混乱；一旦磁化，就被一种神秘的力量支配着，指向同一个方向，永远指向那里。在人的身上，这种神秘的力量就是进取心。它使我们向目标不断努力，它不允许我们懈怠，它让我们永不满足，每当我们达到一个高度，它就召唤我们向更高的境界努力。”

一位小赛车手在比赛中得了第二名，他非常兴奋地跑回家，想把这个好消息告诉妈妈。他一冲进家门就叫道：“妈妈，有 35 辆车参加比赛，我得了第二名！”

“这值得高兴吗？要我说——你输了。”母亲回答道。

“妈妈，你不认为第一次就跑第二名是很了不起的事吗？而且有这么多辆车参加比赛。”他抗议着。

“你用不着跑在任何人后面。如果别人能跑第一，你也能。”母亲严厉地说。

妈妈的这句话深深刻进了儿子的脑海，在接下来的 20 年中，他称霸赛车界，成为运动史上赢得奖牌最多的赛车选手。他就是理查·派迪。

理查·派迪的许多项纪录到今天还保持着，没人能打破。二十多年来，他一直未忘记母亲的这句话：“你用不着跑在任何人后面。”

拿破仑·希尔曾说：“记住：你唯一的限制就是你自己脑海中所设立的那个限制。”事情发生与否并不完全取决于我们的主观判断，我们认为不可能的事情往往会变为可能。每种事情都有发生的可能，所以，我们千万不要给自己设限，而应该保持一颗永争第一的心，不断地超越自我。不断告诉自己：我是最棒的！这才是我们应有的目标和气概。正如卡耐基说，如果你要的是二流或三流的，你就不会去寻找获得一流事物的方法，你也永远与一流事物无缘。如果你坚持要最好的，你会留心观察一流事物，模仿一流的表现，探寻一流的解决方法。这样，你自己也就渐渐能做出一流的成绩了。

有人向一位职业经理询问成功的秘诀，这位经理回答说："我还没有成功呢。没有人会真正成功，前面还有更高的目标。"

进取心对每个人来说，都很重要。我们应该在日常生活中有意识地培养自己超越自我的心态。

（1）认真地对待我们所做的任何事情。认真是无条件的。任何时候，你都要忠于职守、全力以赴。工作不是装样子给别人看，而是为自己的发展创造条件。你只要留心观察周围的情况，就会发现，有很多事不需别人吩咐，就可以去做。过于计较自己付出的劳动是否超过了报酬的人很难做出大的成就，哪怕他才华横溢。因为计较让人失去进取心。

（2）摆脱颓废心理。千万不要在平凡位置上颓废。颓废是可怕的，它让人形成拖延、逃避、不负责任等多种不良习惯。即使是再伟大的雄心壮志，也会由于不良的习惯而受到严重的削弱。如果你发现自己有了颓废的心理倾向，那你就应该对自己进行心理调试了，不要让进取心越来越微弱以至消失，否则你就将一直这样平庸下去。

（3）不要安于现状。如果你取得一定成就之后，就失去了向更高处努力的动力，那就说明你的进取心开始消磨了。安于现状就意味着萎靡，你要相信你有能力做得更好。

很多事情像逆水行舟一样，不做得更好，就会做得更差。当你认为自己做得挺好，可以站稳脚跟时，就要及时提醒自己：不做得更好，就有可能被别人挤下去。

浅尝辄止、安于现状、不思进取的人不会做出什么大成绩。只有永争第一，激励自己做出更大的努力，才能不断超越自我。

6. 运用微笑管理

作为管理者，都会考虑着如何通过激励让员工更主动地投入到工作中去；而作为员工，也都希望能将乏味的工作变得轻松快乐。在这样一个似乎互为矛盾的关系中，是否又有人考虑如何将这两种需求同时满足呢？即使考虑了，也会认为这将是一个复杂而艰巨的工程吧。

而事实上，有一种方法，一种很简单的方法，可以轻松地将两者有效解决，那就是——微笑。很难想象，这个世界如果没有欢笑会是怎样一种景象；很难想象，微笑的魔法在管理中竟可以带来如此的奇效。

美国著名的企业家吉姆·丹尼尔就是靠着一张“笑脸”神奇般地挽救了濒临破产的企业。丹尼尔把“一张笑脸”作为公司的标志，公司的信笺、信封上都印上了一个乐呵呵的笑脸。他总是以“微笑”飞奔于各个车间，执行公司的命令，进行自己的管理。结果，员工们渐渐被他感染，公司在几乎没有增加投资的情况下，生产效益提高了80%。公司员工友爱和谐，上下同心同德，其乐融融，公司的信誉和形象大增，客户盈门，生意红火，不到五年，公司不仅还清了所有欠款，而且盈利丰厚。

可见，“微笑可以让领导与员工之间更容易沟通，可以使企业形象更深刻地印在客户的脑海中，能够为企业带来意想不到的收获”。无论是服务业还是其他行业，如果企业内部人际关系像“钢铁般的冷漠”，后果将是员工之间钩心斗角，企业形象必定会大打折扣，更不要谈赢利了。管理者只有本身对事业充满信心，并在工作中保持心情舒畅，以微笑待人，企业的职工必定精神振作，任何困难都将不在话下。

从管理者角度看，企业实施微笑管理，可以表现管理者的气度，出现矛盾时，微笑可以使双方恢复理智，化干戈为玉帛；微笑管理也是赞扬和鼓励员工的重要方式，当员工创造出良好业绩时，管理者的微笑代表了肯定和赞许，员工能从微笑中受到鼓舞，获得力量，并焕发出更高的工作热情。

从员工角度看，当管理者适时运用微笑管理时，一张满面春风的笑脸能够间接消除员工的紧张和对抗情绪，并使员工保持一种轻松的心情进行工作，做起事来干劲十足，效率更高。那么，管理者如何在企业内部实施微笑管理呢?

(1) 微笑要来自真诚。只有真诚，才会让人信任。因此，管理者必须要在工作中做到言情一致，在与员工进行工作交谈时，不论遇到什么问题，一定要以对事不对人的态度冷静处理，语言与表情要保持一致，尽量用微笑替代僵硬的表情。当表扬员工的工作成绩时，在口头赞许的同时外加微笑，足以体现出管理者态度的真诚。

(2) 以关心、帮助人的态度处理工作中的矛盾。指导工作时，不要摆出高高在上的架式，更不要以命令式的口吻进行交谈，不要以为脸色越沉，声音越大，威信就会越高，实际上只会适得其反，让员工以抵触的情绪去接受你的意见，消极地接受你交付的任务，同时也会压抑员工自身的思维和工作方式改进。因此，以平易近人的态度指出工作中的问题和改善意见，让"理"说话更能让你赢取下属的心。

(3) 当员工出现工作失误时，切忌当众严词批评与指责。这样只会把事情搞得更糟，甚至会伤害员工的自尊心，造成员工工作心情不佳或出现逆反心理或行为，同时也会让员工永远失去力求上进的工作意愿。我们需要的是员工自身对失误的认识和反省，而不是对员工的全面否定。所以，批评也要讲方法。

（4）管理者要经常把微笑挂在脸上。温暖的微笑会传染给每一位员工，让原本紧张的工作气氛会变得轻松活泼。员工心情愉悦了，就自然会愉快地接受各项指令，工作效率也会随之提高。事实上，没有哪一种激励的手段，能如“微笑”般如此轻易而有效地让员工在快乐中工作了。

（5）让微笑传遍企业。常言说：“一人为私，多人为公。”少数人间的微笑只能反映某些少数人间的关系，只有全体员工之间也能做到微笑交流，并且将微笑很自然地带给客户，这样才算得上在将微笑传遍企业。如此，不仅可以提升企业的外在形象，更有可能为企业创造更多的利润。

总之，微笑不仅表现了管理者工作中的豁达情怀，更反映出企业内部人际关系的融洽与和谐。它让工作与工作变得更加紧密；让人与人之间更加信任和宽容。

与其说微笑管理是一种魔法，不如说微笑管理是一种“以人为本”理念的根本体现，是一种建立在管理者与被管理者间并使之心灵相通的桥梁。因此，任何时候请不要吝啬你的微笑，不仅在生活中要微笑，在工作中更要微笑！

7. 注重细节，把工作做得更完美

1485 年，英国国王查理三世和里奇蒙德伯爵亨利为争夺王位，在波斯沃斯展开了一场激战。开战前夕，查理三世派一个马夫去准备战马，马夫得到命令后随即吩咐铁匠尽快给马钉掌。但连续不断的战争耗尽了所有的铁片，因此铁匠请求马夫去找铁片。马夫非常不耐烦，让铁匠用现有的材料凑合着用。无奈之下，铁匠把一根铁条截为四份，加工成马掌，把它们砸平、整形，固定在马蹄上，然后开始钉钉子。当准备钉第四个马掌时，铁匠发现钉子不够，他又请求马夫去找钉子。马夫再次拒绝了铁匠的请求，说："我听见军号了，来不及了，如果时间晚了国王会怪罪我们的。"结果，国王战马的第四个马掌少了一颗钉子。

战争开始了，国王骑着马夫为他找来的战马，一马当先，受到鼓舞的战士也跟着迎了上去。没过多久，意外的事情发生了：少一颗钉子的马掌脱落了，战马跌翻在地，国王也栽倒在地上。国王还没来得及抓住缰绳，惊恐的马就脱缰而去。见此情形，国王的士兵四处逃窜，溃不成军，国王不幸被俘。他挥舞着手中的宝剑，仰天长啸："我的国家，竟亡于一匹马！"

战争以亨利伯爵的胜利而告终。此后，民间盛传这么一首歌谣："少了一个铁钉，丢了一只马掌。少了一只马掌，丢了一匹战马。少了一匹战马，败了一场战役。败了一场战役，失了一个国家。"英国大文学家莎士比亚的名句"马，马，一马失社稷！"更是将这一著名战役载入文学史册，让后人自警。

有时候，一个微不足道的细节，就会葬送一个宏伟的计划，而一个精确、生动的细节则可以成就你的事业。

麦当劳的创始人克洛克说："我强调细节的重要性。如果你想经营出色，就必须使每一项最基本的工作都尽善尽美。"人们都想成就一番事业，却不愿意或者不屑于做小事。事实上，在这个分工越来越精细的社会，真正的大事实在太少，更多的是具体的、琐碎的、单调的小事。老子曾经说过："天下大事，必作于细。"小细节并非真的微不足道，往往孕育着大机会。人们总是把获得机会的客观条件看得很重，偏执地把机会的得失归结于天时、地利等客观因素上，而不从自身找原因。殊不知，成功之人从不忽视任何一个小细节，不放过任何一个机会。如果你能脚踏实地地从每一件小事做起，再平凡的人也会做出不平凡的事情来。

两个同龄的年轻人同时受雇于一家超市，并且拿同样的薪水。可是一段时间后，叫李坤的那个小伙子青云直上，而那个叫李诺的小伙子却仍在原地踏步。李诺很不满意老板的不公正待遇。终于有一天他到老板那儿发牢骚了。老板一边耐心地听着他的抱怨，一边在心里盘算着怎样向他解释清楚。

“李诺先生，”老板开口说话了，“您现在到集市上去一下，看看今天早上有什么卖的。”

李诺从集市上回来向老板汇报说，今早集市上只有一个农夫拉了一车土豆在卖。

“有多少?”老板问。

李诺飞快地戴上帽子又跑到集市上，然后回来告诉老板一共 40 袋土豆。“价格是多少?”李诺又第三次跑到集市上问来了价格。“好吧，”老板对他说，“现在请您坐到这把椅子上一句话也不要说，看看其他人怎么做。”

老板将李坤找来，并让他看看集市上有什么可买的。

李坤很快就从集市上回来了，向老板汇报说到现在为止只有一个农夫在卖土豆，一共 40 口袋，价格是多少，土豆质量也很不错，并带回来一个让老板看看。这个农夫一个钟头以后还会弄来几箱西红柿，据他看价格非常公道。昨天他们铺子的西红柿卖得很快，库存已经不多了。他想这么便宜的西红柿，老板肯定会要进一些的，所以他把那个农夫也带来了，他现在正在外面等回话呢。

此时老板转向了李诺，说：“现在您肯定知道为什么李坤的薪水比您高了吧?”

同样的小事情，有心人做出大学问，不动脑子的人只会来回跑腿而已。别人对待你的态度，就是你做事情结果的反映，像一面镜子一样准确无误，你如何做的，它就如何反射回来。对细节给予必要的重视是一个人有无敬业精神和责任感的表现，更关乎自己职业发展。所以从小处着眼思考问题，将会使得目标不再遥远，自己内心也会感到比较踏实。

8. 讲究效率就是延长生命

同样一件工作，为什么你要一整天才能完成而别人只需要半天甚至一个小时就能完成呢？为什么有时候你感觉自己在天天忙碌，却没有任何成果，工作总是裹足不前呢？在工作中，这些问题也许总是困扰着你，而且效率低下还会影响到自己的工作业绩。所以，提高工作效率是一个刻不容缓的问题。这在很大程度上要靠个人体会、思考和交流，如果发现自己在工作中存在低效率的行为，就要及时改进。

美国伯利恒钢铁公司总裁查理斯·舒瓦普向效率专家艾维·利请教“如何更好地执行计划”的方法。艾维·利声称可以在10分钟内就给舒瓦普一样东西，这东西能把他公司的业绩提高50%，然后他递给舒瓦普一张空白纸，说：“请在这张纸上写下你明天要做的几件最重要的事。”舒瓦普用了5分钟写完。艾维·利接着说：“现在用数字标明每件事情对于你和你的公司的重要性的次序。”舒瓦普又花了5分钟。艾维·利说：“好了，把这张纸放进口袋，明天上车第一件事是把纸条拿出来，做第一项最重要的事情。着手办第一件事，直至完成为止。然后用同样的方法对待第二项、第三项，直到你做完为止。如果只做完第二件事，那不要紧，你总是在做最重要的事情。”艾维·利最后说：“每一天都要这样做。您刚才看见了，只用10分钟时间。如果你相信这种方法有价值，让你公司的职员也这样做。这个试验你做多久都可以，然后给我寄支票来，你认为值多少就给我多少。”一个多月以后艾维·利收到了舒瓦普寄来的一张2.5万美元的支票和一封信。信上说，那是他一生中最有价值的一堂课！

五年之后，这个当年不为人知的小钢铁厂一跃成为世界上最大的独立钢铁厂！

纵观那些成功人士，都是高效率工作的杰出代表。那么，如何才能提高我们的工作效率呢？

（1）端正自己的工作态度。工作本身没有贵贱之分，但是对于工作的态度却有高低之别。你不一定从事喜欢的工作，但你一定要喜欢现在所从事的工作。对现在的工作，要有勤奋、主动、敬业的精神。态度决定速度。一个人有端正的工作态度，才能投入到工作中去，才能提高工作效率。

（2）提高时间的利用率。时间是我们最为宝贵的资源。没有利用不了的时间，只有自己不利用的时间。珍惜时间，合理利用时间，发挥时间的最大功效，是提高工作效率的有效途径。提高时间的利用率，就是在提高工作效率。

（3）加强工作的执行力度。对于工作，我们要有目标，有计划，但只有目标和计划是远远不够的，最重要的是要去执行，也就是说要有执行力。加强工作的执行力度，立即行动起来，是提高工作效率的最有效的途径。

（4）分清工作的轻重缓急。我们要对工作进行合理的分类，分清工作的轻重缓急。“轻”，指的是相对重要但不紧急的工作；“重”，是指最重要也是最紧急的工作；“缓”，指的是不重要也不紧急的工作；

“急”，则是指不是最重要但却最为紧急的工作。坚持要事第一，先做重要的紧急的事，才能提高工作效率。

（5）解决工作中的困难。在工作中，我们会遇到一些问题，如果不解决这些问题，我们的工作效率就会受阻，甚至会停滞。从某种意义上来说，工作就是不断克服困难、不断解决问题的过程。我们只有克服了工作上的困难，顺利地解决了问题，才会让工作顺畅地进行下去，才能提高工作效率。

（6）理顺工作中的人际关系。在工作中，我们需要和上司、同事、下属、客户等打交道。其实，人际关系也是一种生产力。理顺了工作中的人际关系，就能减少工作中的阻力，就能进一步提高工作效率。

（7）达成有效的沟通。在工作中，沟通无处不在。有时工作效率低下，甚至做了很多无用功，往往是因为没有做好沟通工作的缘故。达成有效的沟通，才能确保指令上通下达，才能让工作和谐运转，工作效率自然就能提高。

（8）提升自己的工作能力。可以说，工作能力的大小直接导致了工作效率的高低。要想提高自己的工作效率，就必须提升自己的工作能力。提升了工作能力，工作效率自然就提高了。

（9）增加工作中的乐趣。任何工作都是有乐趣可寻的。我们要做到带着快乐工作，带着快乐回家。增加工作中的乐趣，带着乐趣工作，一定能够提高工作效率，把工作做好。

时间就是金钱，如果你能在相同的时间里比其他人办的事多，而且还办得好，同时也说明了你的能力更强、效率更高，这也就意味着你在为老板节约成本、自然会脱颖而出，让自己更上一层楼。

9. 不要停止学习

管理大师彼得·圣吉说："唯一持久的竞争优势，就是具备比你的竞争对手学习得更快的能力。"有句名言说过："学习是终身的事业。"当今社会是一个学习型社会，整个组织逐渐向开放的学习型组织转变，任何一个人都有必要从多方面丰富、提高自己，扩充专业知识，提高学习技能，成为学习型的人材。

今天的社会，是一个高度竞争、充满机会与挑战的社会。受大环境影响，企业的环境也总是处于困难和竞争之中。在这种残酷的环境中，每个公司必须时刻以增长为目标才能生存。要达到这个目标，公司员工必须与公司制订的长期计划保持步调一致，而真正能做到"一致"的，只有主动进取的员工。企业需要员工掌握新技能，以便在新的工作条件中有突出的表现，即使名牌企业也不能仅凭往日的成功驶向未来。老板们需要主动进取的员工，他们是企业进步不可或缺的支柱。

一个人成功与否，决定权掌握在自己手中。一个人的前途、成就、幸福，归根结底，取决于在他的身上所展现出的才能，这是他赢得一切的真正资本。著名儒学大师朱熹说："无一事而不学，无一时而不学，无一处而不学，成功之路也。"进入21世纪，学习已不是一个人一生中某一阶段的事，而是一种社会化、制度化和终生化的行为，是现代社会每个人提高能力，成就人生的客观需要。不实现知识的不断更新，就必然落后于时代前进的步伐。从某种意义上说，学习已经是一个人基本的生存方式，对于个人和家庭来说，学习是无止境的，只有起点，没有终点；只有更好，没有最好，做到“生命不息、学习不止”。

古时候有一个很有名气的音乐家，名叫师旷。有一次，师旷正为晋平公演奏，忽然听到晋平公叹气说：“有很多东西我还不知道，可我现在已70多岁，再想学也太迟了吧！”师旷笑着答道：“那您就赶紧点蜡烛啊。”晋平公有些不高兴：“你这话什么意思？求知与点蜡烛有什么关系？答非所问！你不是故意在戏弄我吧？”

师旷赶紧解释：“我怎敢戏弄大王您啊！只是我听人说，年少时学习，就像走在朝阳下；壮年时学习，犹如在正午的阳光下行走；老年时学习，那便是在夜间点起蜡烛小心前行。烛光虽然微弱，比不上阳光，但总比摸黑强吧。”

“吾生也有涯，而知也无涯”“活到老，学到老”，都是强调学习的重要性，更是说明学习不是一时一事的事情，是一生一世的大工程。

（1）学习态度决定未来。态度决定认知，态度决定命运。人的智商不能由自己决定，人可以不聪明，但不可以不上进。如果没有上进的态度，没有强烈的汲取新知识的主观愿望，那永远不会有质的提升，也永远不会成为撑大梁的材料。我们知道机遇会降临到有准备的人身上，但绝对不会降临到没有上进心没有好的学习态度的人头上。机遇就是专业知识的积累，机遇就是你在专业上的说话权，机遇就是你能做而他人不能做的。没有学习精神的人，没有激情的人，哪有什么积累？哪有什么话语权？即使机遇降临，它也会绕道而过！

（2）学习是创新的源泉。创新是伟大的企业精神之一，创新从何而来？它来源于永不停步的学习。学习是创新的基础，创新是一种纯开拓性的工作，完全依靠人的灵感，靠广博的知识，靠知识的融会贯通，但也离不开对已有最新知识的了解。而相对创新则可以有多种途径，既可以完全依靠灵感，靠广博的知识和融会贯通，也可以采取拿来主义，通过学习别人已有的知识和成果，达到提高自己的创新目的。可以看出，不论哪种创新，都要以了解和掌握专业内最新科技知识为前提，也就是说，没有学习，创新就成了无源之水，无本之木。

（3）学习是人的第一需求。为了一个美好的未来，我们要学习；为了顺利发展，我们要学习。这样的学习其实都是有着一定的功利性。我们应该把学习作为人的第一需求，以满足人的第一需求的心态去学习。

追求知识是人的天性，学习是人的第一需求，我们应该避免把学习目标定得太高，避免有一口吃成一个胖子的想法，而要为一点点的学习、一天天的进步、一次次的成长而快乐，而非一定要达到某个目标才满足。只要每时每刻想着要丰富自己，要与昨天不同，那你就不仅仅能成大业，而且你每天都会很高兴。我们要善于激发、保持旺盛的求知欲，尽量消解功利性学习带来的压力，让我们的学习保持在一种自然的状态中，在这个过程中去体验最大的学习快乐，增长求知的欲望。

（4）最好的学习：尽责。生活和工作中，不少人认为多出力是吃亏，多担责任倒霉，而到头来总是这些人郁郁不得志，甚至穷困潦倒，仍不知觉醒和反思，整天怨天尤人，却不知个中缘由。

世上最大的恩，除父母的养育之恩外，还有一个大恩是“知遇之恩”。他人认可你、欣赏你、信任你、给你机会，让你参加诸多的社会实践，让你尽职尽责，为你创造了丰富的人生阅历，这些阅历、这些经历都是人生难得的财富，是无法用金钱衡量的。士为知己者死，这种源动力使你主动地研究这些活动，要吸收更要创造，这本身就是一个很好的学习过程，人的能力就在这种不断创新的变化中有了质的飞跃。

不承担企业和团队的责任，就是失去了学习进步的机会；机会的积累将会是一种资格的沉淀，一旦你失去一种资格，即使以后你再想接受挑战，再想尽一种义务，再想向外输出你的成果，已为时晚矣，没有希望了。这也是为什么同样起步的人，十年下来有人成长“上天”、有人落伍“入地”的根本原因。

（5）最坦然的学习：欣赏别人。懂得欣赏别人，才能更多地发现别人的优点，才能从他们身上汲取提升自己的能量。由于竞争的原因，看到别人的成绩比自己强时心里总是酸酸的，这是正常的心理反应，但一定要坦然面对，学会欣赏。天生我材必有用，每个人都有独特的才能，我们也有别人所无法比拟的成就和特色，这就是自然界、社会中众多事物能够和平共存、微妙的平衡关系。反过来，我们欣赏了别人，别人才会欣赏我们。

人与人之间不是没有矛盾，人与人之间也不是百分之百的和谐。但这种和谐都是建立在相对的基础上的，和谐与不和谐，竞争与共存是同在的，站得高一点讲，就是要提倡中庸之道求得平衡，不偏不倚，在适度中求得生存、谋得发展。

人与人之间存在竞争关系，但我们要看到，人与人之间更多的是合作关系。尤其是在一个集体内，总体上来讲，其他人的优点、长处对集体是大有益处的，对其他人包括当事人也是有益处的。人们之间的竞争远没有那么凶险和惨烈，别人的上进对你自己的挤压作用也远没有你想象得那么严重，如果你陷入以对立的态度待人，用自己的弱势与别人的强势竞争的陷阱，最后败得最惨的就是你自己。这种矛盾也罢，相互的竞争也罢，我们不应该把它放大得那么丑恶。

懂得欣赏别人，包括竞争对手，发现他们的优点，虚心学习其长处，能使我们保持前进的动力，从而一直焕发着生命的活力。这种学习是气魄的挑战，更是一个自我提升的良方。这样的人往往是企业梦寐以求的人，这样的人也必然能成就大业。

工作每天都有新情况、新挑战，每天都要面对新事物，学习与工作相伴，工作就是学习。能够适应工作，实现自我而不被淘汰，靠的是实力，而实力来于自身。在公平的环境中，一些人之所以能够担当重要角色，是因为他们具备必要的新的能力。虽说现代社会的机会很多，但如果不学习的话，必然会逐渐落后于社会。只要天天学习就会天天有进步，天天有机会，工作才会富有生机。

第五章 你的团队，你能掌控吗

员工懈怠，团队松散，是很多管理者面临的共同问题。

而社会心理学原理表明，社会的群体成员都有一种归属心理，希望能得到领导的认可和赏识，成为群体中的一员。那么，作为管理者该怎么做呢？

1. 言出必行

诚信是一个人安身立命的基础。一个没有诚信的人，不但得不到大家的信任，就连起码的尊重也不会得到。试想一下，一个满口谎言的人，谁敢靠近，一个经常承诺却总不兑现的人，谁又敢把他的话当真、把自己的事交给他办？一个接到任务却不努力完成的人，哪个上司会器重？一个缺乏诚信和信用的人，谁还愿意与他合作……总之，谁在职场中缺少了诚信，谁就会在职场中被抛弃。

我们时常会遇到这样的情况；上班打卡时，卡到了人没到；考勤第一的人，绩效却是最低的；海外的学历背景是杜撰出来的；上司给员工加薪或升职的承诺始终没有兑现；员工屡屡失职……这些缺失诚信的行为，不仅会使自己的声誉受损，还容易引起他人的不满，破坏公司规则。

王玲是公司市场部助理，因为工作出色，经常受到上司的表扬。月末，她在统计销售数量时，发现销售数据与往常反差极大，于是她马上与业务员联络，要求业务员重新统计数据。经业务员核查，销售数据确实出现疏漏，移了一个小数点，也就是说，实际销售数量比上报来的数据多了一个位数，这样从客户那里收回来的账款就会少很多。

王玲核实情况后，把数据重新整理、交给了上司，上司庆幸发现及时，没有给公司造成重大损失。他高兴地对王玲说："干得不错，王玲！这个月的工资单已报上去了，下个月我多发一笔奖金给你，算是对你的工作认真做出的奖赏！"王玲心里高兴，工作起来更加细致了。

很快到了下个月末，王玲等着上司给自己发奖金，但是等她拿到工资条时却发现根本没有那笔奖金的踪影。王玲不高兴，但又不好意思去找上司问，只好认了。后来，上司又提过几次加薪，结果也没有落实。渐渐地，王玲也不指望上司主动给自己加工资了。

王玲觉得这个公司干着没前途、没意思，所以在找到另一份工作后，递交了辞呈。上司这才后悔自己当初不守承诺，致使一个优秀的人才流失了。其他的人知道王玲的事后，都不太敢相信上司给的承诺，工作起来也不积极，这个部门的工作受到了很大影响。

王玲因为屡次遭遇上司“放鸽子”，最终对上司彻底失去了信任，认为自己没有发挥空间而辞职。这对她的上司来说，是一个不小的损失。他首先损失的是一位优秀的人才，直接损失自己的威信，接着损失的是自己的业绩，而业绩决定着他公司的命运。另外，他的不守信，也引起了其他下属的不满，致使公司应有的工作效率下降。

根据调查，职场中有66.9%的人被上司“忽悠”过。许多人表示，上司所承诺的奖金、加薪就是一张画好的“大饼”，离兑现的日子遥遥无期。这让这些人很失望，对工作没有热情。

作为上司，我们应当谨言慎行，不开空头支票，不失信于民，否则很难树立起自己在下属面前的威信，做好管理工作。当然，作为下属也不可失信于上司，一两次的失信还可能取得原谅，但总是失信就会让上司对我们失望，不敢重用我们。

企业的领导人如能以信为本，对自己说过的话负责，就会很快赢得员工的爱戴和支持，从而形成一股强大的凝聚力；反之，如果领导首先不讲信用，说过的话不算数，那企业的凝聚力就会日渐涣散，企业绩效就无法搞好。在讲信用方面，企业领导人应该带头起表率作用，千万不能“说了不算”。

诺言是必须信守的，不管诺言是在何种情况下许下的都一定要信守。即使是在迫不得已的情况下许下的诺言，也不能只当作权宜之计，因为别人只会看重你是否对自己说过的话持有负责的态度这一点。只有以信待人，与下属坦诚相见，任之以专，信之以坚，不为谗言所惑，才能抓住下属的心，力求在现代激烈的竞争中游刃有余，成就一番事业。总之，诚信是做人的根本，舍弃什么都不能舍弃诚信。

2. 有效激励

杜妮莎是一家公司的经理，整个下午，她一直在忙着分发信件。她告诉秘书："如果有人打电话找我，请他稍等一下，公司有一批重要的邮件必须在规定时间内发出去。"不过，她意识到，要想完成这项工作，自己一个人肯定办不到，必须要与其他员工一起加班。于是，她让秘书通知公司所有人，下班后留下来加班，一起处理邮件。

到了下午五点，经理放下手头的工作，给每一位员工打电话订餐。不一会儿，香喷喷的比萨就送到了办公室，大家一边吃着可口的比萨，一边加班，其乐融融。原本计划加班到晚上8点，由于员工热情高涨，提前半个小时就完成了任务，而且，没有一位员工有怨言。

人具有社会属性，需要与其他人协作。而要实现预期的目标，就必须依赖所有的员工，即使管理者再优秀，也不可能一个人包办所有的事。这就需要管理者运用适当的方法，调动员工的积极性，挖掘他们的工作潜力。

激励是一种有效的领导方法，它能直接影响员工的价值取向和工作观念，激发员工创造财富和献身事业的热情。激励的作用是巨大的。美国哈佛大学教授詹姆士曾在一篇研究报告中指出：实行计时工资的员工仅发挥其能力的20％～30％，而在受到充分激励时，可发挥至

80%～90%。

那我们该如何对下属进行激励呢?

(1) 坚持以人为本的原则，真诚对待员工。托马斯·彼德斯曾说：出色的经营离不开人，要用感人、纯朴而且美好的价值观念去激发人们的热情。管理者应以员工为中心，满足员工对归属的愿望，成就的需要，倾听和理解他们的抱怨，通过让他们参与企业发展、工作条件和其他重大事项的决策，使他们感到自尊和尊重的满足，意识到他们有潜力不断进步，比制订目标更为重要，那么员工才能以组织事业为中心，同时组织的士气一定能够得到改善和提高。如每年经理应和员工有一次正式的谈话，探讨今年的工作是什么，工作目标有几个，衡量标准是什么，为了实现目标要经过哪些培训，今后有什么打算等，帮助员工实现他的愿望。让大家定期出去学习或训练，员工从岗位上脱离出来，无论是旅游还是学习，这既是去过团队生活，也是享受公司的福利，在学习充电的同时，也会放松身心，这也是公司对员工的认可，员工会有很强的归属感。

(2) 了解员工需求，进行有针对性的激励。员工是带着自己的需要走进你的公司的，只有了解他的需求才能有效地调动他的积极性。根据马斯洛的需求理论，不同的员工，或同一员工不同的时间或环境下会有不同的需求。所以，在制订和实施激励政策时，首先要调查清楚每个员工真正需要的是什么，并将这些需要整理归类，然后制订相应的激励政策，帮助员工满足这些需要。如年轻员工比较重视拥有自主权及创新的工作环境；中年员工比较重视工作与私生活的平衡及事业的发展机会；老年员工则比较重视工作的稳定性及分享公司的利润。对管理技术人员，可以设计两条职业生涯规划线：一条是行政管理线，一条是专业线。对产业工人可进行几个层次的通道设计。这就需要我们的管理者要善于抓住主要矛盾，抓住员工的主导需要。否则，激励就是纸上谈兵，没的放矢。

（3）建立科学的绩效管理体系。企业的经营管理过程就是一个不断累积绩效、获得绩效的过程，包括组织的绩效，部门的绩效和员工的个人绩效。目前绩效管理仍然是一个比较明显的空白，即使有的企业实施了绩效管理，也大多停留在绩效考核的层面，或者流于形式，真正重视绩效管理、科学推动绩效管理的企业实在少之又少。没有绩效管理，很难体现薪酬的公平性和激励性。因此企业应重视绩效管理，认真研究绩效管理的理论、方法和流程，科学地认识绩效管理并努力推动绩效管理在自己组织里的实施。让绩效说话，将企业管理者与员工的思想统一到绩效上来，发挥绩效管理的能动性作用，以调动员工的积极性。

3. 适当给予物质奖励

作为管理者，应该设法了解员工各种不同的需求，以便为他们创造条件，激励他们实现更高的目标。

马斯洛需求层次理论假定，人们被激励起来去满足一项或多项在他们一生中很重要的需求。更进一步说，任何一种特定需求的强烈程度取决于它在需求层次中的地位，以及它和所有其他更低层次需求的满足程度。马斯洛的理论认为，激励的过程是动态的、逐步的、有因果关系的。在这一过程中，一套不断变化的“重要”的需求控制着人们的行为，这种等级关系并非对所有的人都是一样的。社交需求和尊重需求这样的中层需求尤其如此，其排列顺序因人而异。不过马斯洛也明确指出，人们总是优先满足生理需求，而自我实现的需求则是最难以满足的。最后，在特定时间内，人可能受到各种需求的激励。任何人的需求层次都会受到个人差异的影响，并且会随时间的推移而发生变化。

马云说：员工的离职原因林林总总，只有两点最真实：钱，没给到位；心，委屈了。而这些归根结底就一条：干得不爽。员工临走还费尽心思找靠谱的理由，就是为给你留面子，不想说穿你的管理有多烂、他对你已失望透顶。仔细想想，真是人性本善。作为管理者，必须要勤于反省。人为什么要跟着你混？

每家企业都会或多或少地进行一些物质奖励，但同样是物质奖励，有的企业会让员工对企业忠诚度更高，有的企业反而引起员工的不满，造成员工流失。造成这种原因的关键在于奖励的方式和原则上出现了问题，要想让奖励更有效，提升员工的士气，就要掌握物质奖励的秘诀。

（1）法定节日一定要奖励。端午、中秋、元旦、春节是中国的传统假日，每当此时员工就会享受较长的假期，但同时也会成为同事和朋友之间互相攀比公司福利的时候，企业员工交流的时候常常会探讨哪家公司在节日的时候送了多少福利等。虽然每年这样的节日不多，但对企业造成的影响却是极为不利的。所以无论如何，在法定节日的时候，企业一定要将物质奖励当作福利送给员工。由于不同企业对福利的标准不同，一些发展中的企业在福利的待遇上和已经成熟的企业无法相比，但是可以赠送一些价格不高但精心准备的礼品，彰显出企业对员工的关怀和诚意，这正是所谓的礼轻情意重。

（2）注重员工个人的日子。当员工过生日时，企业可以选择适当的个人奖励，一方面可以体现出企业对其的关怀；另一方面可以让员工有被关注、重视的感觉，更容易培养出员工对企业的忠诚度。这时候，企业可以以集体的名义为员工准备一个蛋糕，这样又能够建立融洽的团队氛围，又真正让员工有了家的感觉。另外，当员工人生重大的日子时，企业一定不能忽视物质上的关怀，如结婚、产子或者家庭重要成员离开时，企业都要表现出自己对其的关心来。

（3）绩效达成时。企业对员工最常进行物质奖励的时机就是当员工达成绩效时。但对这种物质奖励，其实也要掌握一定的方法，首先奖励要能够激起员工的积极性，另外奖励要做到公平公正，避免因不公平造成的负面激励情况出现，最后是奖励的周期不易过短，也不易过长。过短则会让员工产生麻木心理，过长，又会让员工产生懈怠心理。一般来说，以一个月为期限最为适宜。要想让物质奖励达到更好的效果，还可以将绩效累计，例如一年中获得奖励次数最多的员工，可以得到更高的奖励。而奖励又可以达到双赢的目的，比如给员工外出培训的机会，这样员工能力获得提升，企业人力资源价值也相应的获得成长，又俘获了员工的忠诚。

物质奖励的关键在于掌握员工对物质的真正需求，同样的一个物品，对一个员工可能会有激励作用，但可能对另外一个员工反而没有激励作用。因此，在进行物质奖励的时候，结合每个员工的特点。这看起来很困难，其实并不难。例如物质奖励可以这样设置，员工可以选择现金奖金，也可以选择任意其他物品，例如旅游、高级自行车、精美汽车饰品等，只要物品价值不超过现金奖励，企业都会帮助员工满足，并且所有购买的过程都由公司来承担。这样就可以很容易结合每个员工的需求，让物质奖励更有针对性。

4. 无论如何不伤人自尊

中国人有一句俗话："人要脸，树要皮。"这个"脸"，就是人的自尊。一个人如果没有了自尊，所有的管理之术都会失去作用。那么自尊又是怎么失去的呢？有两种情况：一是自己失去的，另一个是叫人给毁掉的。不少员工的自尊心恰恰是被管理者给毁掉的。

批评对于个人来说，是帮助他人改正缺点、自我进步的有效方法；对于领导者来说，是改善管理的重要手段。当然，批评也是一种艺术。俗话说：金无足赤，人无完人。人生在世，孰能无过，一般来说，人都有自知之明。人们发现自己的错误后，会对过失的性质、危害、根源等进行反思。但是，当局者迷，旁观者清。自己的反思再深刻，总不如旁观者看得透彻。所以，当我们发现别人的过失时，及时地予以指正和批评，是很有必要的。

说到批评这个词，人们就会很容易想到损人、让人丢面子，颐指气使等。有人以为，批评他人往往是得罪人的事，不是有良药苦口、忠言逆耳的说法吗？的确如此。但是，之所以如此，恐怕主要还是我们批评他人时缺乏技巧的原因。那么我们为什么不能研究一下批评他人的技巧？

（1）对事不对人。日本著名管理学家大前研一曾说："能做到对事不对人，就不会在乎自己的立场。因为事实出现之后，你就会忠于事实，坦然接受这个事实。不能忠于事实，不但无法洞悉问题的本质，也不可能走完找到正确解决方案的过程。"所以，批评人应尽量准确、具体，对方哪件事做错了，就批评哪件事，不能因为他某件事做错了，就论及这个人如何不好，以一件事来论及整个人，把他说得一无是处，一贯如此。对事不对人，强调的是一种公平原则，一种一视同仁的态度，从某种角度而言是对员工对下属的尊重。而且对事不对人有利于形成一种公平的氛围，有利于公司理性健康地成长。

（2）批评前营造一个好的批评氛围。批评他人的目的是帮助对方认识错误、改正错误、积极把工作做好，而不是要制服别人或把别人一棍子打死，更不是为了拿别人出气或显示自己的威风，所以批评他人时态度一定要诚恳，要站在对方的立场上，诚心诚意地对待他；否则就会造成紧张的气氛，使对方产生逆反心理。批评要想达到让批评者改正的效果，就必须营造一个对方容易接受的氛围。

卡内基曾讲述说，数年前，他的侄女约瑟芬到纽约来充任他的秘书。她的办事经验不多，但现在她已经成了一位完全合格的秘书。当他要使约瑟芬注意一个错误的时候，他常说："你做错了一件事，但天知道这事并不比我所做的许多错误还坏。你不是生来具有判断能力的，那是由经验而为；你比我在你的岁数时好多了。我自己曾经犯过许多愚鲁不智的错误，我有绝少的意图来批评你和任何人。但是，如果你如此做，你不是更聪明吗？"所以，如果批评的人开始先谦逊地承认自己也犯过错误，然后再指责别人的过失，对方将更容易接受批评。

（3）批评最好是在单独相处时提出。美国玛琳·凯化妆品公司董事长玛琳·凯在批评人时，绝不坐在老板台后面与对方谈话。她认为办公桌是一个有形的障碍，办公桌代表权威，给人以居高临下之感，不利于交流和沟通。她总是邀对方坐在沙发上，在比较轻松的环境中进行讨论。玛琳·凯要批评一个人时，总是单独与被批评者面谈，而绝不在第三者面前指责。她认为，在第三者面前责备某个人，不仅打击士气，同时也显示批评者的极端冷酷。她说："一个管理人员在第三者面前责备某个员工的行为，是绝对不可原谅的。"

批评不应在公众场合进行，尤其是不要当着被批评者所熟悉人的面批评。否则，会使对方感到面子受到了伤害，增加他的心理负担，影响批评的效果。

（4）用商量合作的语气，而不是命令的口吻。唐代名相魏徵以直言善谏闻名于世，而他在批评唐太宗时也很善用含蓄的方法。一次，有人送给唐太宗一只鸽子，唐太宗很高兴，就托在手臂上逗着玩。见魏徵进来，怕他看见，赶紧揣到怀里。其实魏徵早已看见了，只是故意不言明，奏事时有意慢条斯理，拖延时间。结果等魏徵走了，鸽子也闷死在唐太宗怀里。这里，魏徵就是用含蓄的方式批评了唐太宗玩物丧志的行为。在批评的语气上，其实也可以表现出含蓄。比如，要对方改正错误，用请求的语气说："请你做一些修改好吗?"如果说："你马上给我改正过来!"对方肯定不愿意接受。

（5）提供解决方案。我们批评他人，并不是批评对方本人，而是批评他的错误行为。把你的批评指向他的活动，你实际上就能给他一个称赞，同时建立他的自信，让他知道你认为他的程度绝不致犯下这样的错误，并且你希望他做得更好。所以，为了让批评最终达到理想的效果，不仅要让对方有认错的态度，还要协助对方拿出改进的方案，这样才能让批评达到想要的效果。

（6）以友好的方式结束批评。正面地批评他人，对方或多或少会有一定的压力。如果一次批评弄得不欢而散，对方一定会有精神负担，产生消极情绪，甚至对抗情绪，为以后的工作或沟通带来障碍。所以，每次的批评都应尽量在友好的气氛中结束，这样才能彻底解决问题。在会见结束时，可以对对方表示鼓励，提出充满感情的希望，让他将这次见面的回忆当成你对他的一次赞许而不是一次意外的打击，这样会帮助他打消顾虑，增强改正错误、做好工作的信心。

5. 保持距离才能获得他人的尊敬

生物学家曾做过这样的实验：在冷风瑟瑟的冬日里，他们把十几只刺猬放到户外的空地上。这些刺猬冻得直发抖，为了取暖，他们只好紧紧地偎依在一起。但无奈大家的身上都有刺，一会儿就无法忍受彼此身上的长刺，很快便各自跑开。可天气实在太寒冷了，不一会儿，刺猬又靠在一起，但片刻之后，又不得不分开。它们反反复复地分了又聚，聚了又分，最后终于找到一个适中的距离，既可以相互温暖，又不会被同伴刺伤。

“刺猬法则”说明了人际交往中的心理距离效应。它提醒我们，无论是工作还是生活，友谊还是爱情，都得保持适当的距离，给对方留下一点空间，既体现了对他人的尊重，也显示了自己的修养。过分的热情，过度的干预，都会让人心生不安，心存不满。凡事过犹不及，亲密还当有间，彼此才会生活得自在悠然。

但很多人认为，和人交往要越亲密越好，其实不然。凡事都要有个“度”，亲密得太不拘小节了，好事也可能变坏。比如，觉得和同事关系好，经常借走同事的东西，偶尔还在别的同事面前开这位同事的玩笑。一次两次还好，但多了，不免让对方产生不快，久而久之就产生了矛盾。更有甚者，认为自己和朋友无话不说，彼此应无秘密可言，就随便拿对方的手机，看对方的短信，这实际上是对他人隐私权的侵犯。每个人都有自己心灵深处的秘密港湾，如果你执意驶入，后果将不堪设想。或许你认为对朋友的了解更加深入，但你们之间的关系却可能日渐疏远。因此，我们在和别人相处时，要注意保持距离，把握分寸，否则就可能受到伤害，像那些被扎痛的刺猬一样。

那么，同样身处职场的我们应该如何把握好距离的度呢？

老旧风格的办公室里，每个人的办公桌上放了哪些东西，谁正在做什么，全都一览无余，藏不得半点秘密。而现在，越来越多的新式办公室都采用了隔断设计，每个人的桌子被隔板分开，成为一个相对独立的私密空间。坐着干活儿时互不影响，需要简短交流，只需稍稍站起或者左右探探身子就能彼此看到——办公室隔断被广泛接受，正因为它是职场人际距离最贴切的表达。

按照美国人类学家爱德华·霍尔的划分，120～210 厘米是一般的社交空间，人们的工作交往和社交聚会通常保持这个间距；45～120 厘米是朋友和熟人间的距离；低于 45 厘米的属于亲密距离；而超过 210 厘米则是我们与一些身份、地位较高的人接触时的距离，以此表现出交往的正式性和庄重性。这种距离的划分是空间上的，更是心理上的。就像一个同心圆，我们站在圆心处，按照熟悉程度和心理接纳程度的高低，把接触到的人分别放置在合适的位置上。身在职场，我们既需要在一般的社交空间内保持自己的独立性，又无可避免地希望和朝夕相处的同事发展出类似朋友的亲近感。这个度该怎么把握？

每个人心里都有一条“一米线”，但实际上这个距离究竟是多少，则因人而异。在职场上，当我们需要和他人建立联系时，需要注意以下几个问题：

（1）尽可能广泛地搭建人际网络。无论你处在公司的业务部门还是支持性岗位，与更多的同事认识都是一件有百利而无一害的事。尽可能利用在电梯、茶水间、食堂、健身房、会议室的机会，和更多的人打招呼，把通讯录上一个个名字和身边的一张张面孔对应起来。哪怕只是聊几句，说不定日后遇到了困难，就会有人伸出援手。

（2）尊重规则。和同事相处久了，自然会发展出友谊，这是很正常的。但需要注意的是，即便再亲近，同事之间毕竟存在利益和竞争。分清场合、切记合作中的上下级关系，务必把规则置于人情之上，这不仅是对自身利益的保护，而且能使你们彼此的关系更加长久地维持下去。

（3）两个人距离的远近是由双方感受决定的，不能一厢情愿。要知道，当你在自己的同心圆里给对方找位置的时候，对方也正在做着同样的事。你想把他拉得更近一些，前提是他也同样有此想法。人和人之间逐渐缩短距离的过程需要时间，更需要分寸，否则就是冒犯。在职场上，唐突的后果不言而喻，搞不好会让你的职业生涯因此困难重重。

6. 灵活运用人才

明人吕柟的《泾野子》中有一个故事：

一老者有五个儿子，一个木呆呆，一个鬼精灵，一个眼瞎，一个背驼，一个腿瘸。面对五个不健全的儿子，老人没有悲观，没有抱怨。一番思考之后，他根据每个儿子的情况为他们各自安排了一份适合自己的工作。木呆呆去务农，面朝黄土背朝天；鬼精灵去做生意，只占便宜不吃亏；瞎眼老三去算卦，打扮起来蛮像样；驼背老四搓麻绳，正好低头又弯腰；瘸腿老五纺线织布，坐在织机前不用老走路。经老人这么一安排，儿子们倒也能安身立命，不愁衣食，哪一个也没有成为家里的负担。

五个儿子虽各有缺陷，但也各有长处，甚至可以说，其缺点所在也正是其长处所在。老人头脑清醒，直面现实，他用自己并不深奥的智慧，让一家人的生计得以维持。

司马光在《资治通鉴》中说过：“夫人之材，各有所宜，虽周孔之材不能偏为人之所为，况其下乎？固当就其所长而用之。”这话说得好，说得妙。人无完人，每个人都有这样或那样的短处。作为领导不能只把眼光盯在人家的短处上，“当就其所长而用之”。否则，就会埋没人才，历史上、现实中这样的教训不知有多少。

有短之存，必有用短之术，关键是将短用到正需要短的地方，此即所谓“短中见长之术”。史料曾记载有唐太宗李世民的短中见长之术。李世民说：“明主之任人，如巧匠之制木。直者以为较，曲者以为轮，长者以为栋梁，短者以为拐角，无曲直长短，各种所施。明主之任人亦由是也。召者取其谋，恳者取其力，勇考取其威，怯者取其滇，无智愚勇怯兼而用之，故良将无弃才，明主无弃士。”

驴在森林里是最受动物们歧视的动物。因为，它没有马那样健硕的身体，也没有狐狸那样智慧的头脑，只有粗哑的嗓门。如果它能够知趣地闭嘴的话，也许动物们还能忍受它的呆蠢。

但是，它似乎天生以打扰别人为乐事，总喜欢放声大叫。前任国王非常讨厌它，让它滚到王国的最边上去，以免干扰动物们的生活。驴在森林边缘郁郁寡欢地生活着。

很快，它时来运转了。当新任国王上任的时候，王国发生对外战争。己方的号兵总是不能让国王满意，最后，老山羊提出让驴来当号兵。

理由是它的嗓音不但洪亮，而且能够干扰敌人的情绪，最重要的是，驴天生就喜欢吼叫，号兵这个职位可以让它们尽情地发挥特长。

聪明而有远见的企业家会从寓言中受到启发，在普通员工身上发掘其专长，以致能够做到知人善任，人尽其才。

有位经理既善于用人之长，又善于用人之短。比如：遇事爱钻牛角尖者——安排他去当质量检查员；处理问题头脑太呆板者——安排他去考勤；脾气太倔、争强好胜者——安排他去当攻坚突击队长；办事婆婆妈妈注重细节者——安排他去抓劳保；能言善辩喜欢聊天者——安排他去搞公关接待。

一般人看来短就是短，在有见识的人看来“尺有所短，寸有所长”也。

清代思想家魏源讲过一段话：“不知人之短，不知人之长，不知人长中之短，不知人短中之长，则不可能用人。”中国智慧充满了辩证法，就看你具备不具备这样的头脑与眼光。

唐代文学家柳宗元写过一篇文章叫《梓人传》，说是有个木匠，家里什么家具也没有。去看他的床吧，床腿坏了，也没有去修理。这么一来，邻人都说他是一个无才之人，徒有一个木匠的虚名。后来，这位木匠去负责营造一座大型建筑。只见所有的木匠都听他指挥，工作进行得井井有条，效率高，质量好。待到一座巍峨的宫殿展现在大家眼前的时候，人们才对平日看不上眼的木匠心服口服，个个目瞪口呆。

作为用人者，切勿轻易得出结论，说某某无用，某某废物。“垃圾是放错了地方的宝贝！”以短掩长是一叶障目，不见泰山；以长弃短是只见大海，不见江流。

“容其所短”是正确择人的一个原则。“金无足赤，人无完人”，人皆有短，要想充分发挥下属的长处，就要善于容忍他的弱点。有时甚至应该提倡“适当护短”，也就是当有贡献的下属偶犯过失，即前进过程中偶尔“跌跤”，工作中出些小错、生活作风上稍不严谨，而处于困难境地时，不要“落井下石”，不要“小题大做”，不要“从严处置”，而应在不出大格的前提下，为其“护短”。要知道保全部下脸面的重要性，要得饶人处且饶人，不要揪住尾巴不放。当下属一旦摆脱困境以后，他必定会加倍努力工作，以此报答上司的爱护。

用人，首先要看其长处。任何人才，都有长有短，那么怎样看待他们，这是领导者在使用人才上首先需要解决的问题。

7. 坏脾气弊大于利

生活当中有些人有爱发脾气的习惯，遇上哪怕是不重要的小事也要大发一通脾气。发脾气于人于己都没益处。特别是管理者要控制住你的脾气，转移愤怒很重要。

人在愤怒时，在大脑皮层会出现强烈的兴奋点，以致造成“意识狭窄”现象。故要强制自己有意躲开一触即发的“触媒”，诸如引起不快的环境、争吵对象等。据说日本企业界有一种“宣泄管理法”。每个工厂、车间都设置有精神宣泄室，该室设置有上到公司领导，下到车间、班组课长组长的橡皮塑像。如果公司的职员对经理有意见，就到宣泄室去，把橡皮经理痛打一顿。

很多管理者都是坏脾气的人。有很多专家认为管理者在对员工进行管理的过程中表现出脾气暴躁，更显威严，因为脾气暴躁的人往往是敢说、敢做、敢当的角色。他们勇于担责，嫉恶如仇，责任意识较强。正是这样一种果敢偏执的性格，使他们能成就一番事业。

但是我们不能把脾气暴躁和责任心画上等号，因为这种责任心，使人紧张、烦闷和焦躁。责任意识，时常成为坏脾气者手中的大棒，责打自己和所有的人。

面对动辄挥舞责任大棒、动不动就对员工大发脾气的人，我们有权怀疑是奴性意识在作怪。这种人的管理理念是要人成为奴仆，它以责任意识为其合理的外衣，做扼杀创造性的事情。

在一个靠脑子工作的时代，要求管理者别站在那里一味地喊“你应该……”，而是以一个劝说者的身份，把为什么要这样做转达到每一个参与者的心里，形成“我要……”的氛围。当新的企业语境形成，“我要……”的意识，会进一步演化成“我是……”的自然流露。从领导的“你应……”，到属下的“我要……”，再到全员的“我是……”，团队中每个人都成为能够把信送给加西亚的罗文，自然就不需要领导板着脸在那里发布命令，更不需要坏脾气插手其间。

当然有些企业管理者因为坏脾气而得到了员工的服从，最后为企业创造了可观的利益。但我们只能说这样的管理有时候可以管理好一个团队，但是在更多的时候，这种管理是行不通的，尤其是在员工自我意识空前觉醒的今天。

何伟是一家家具销售公司的副总经理，尽管有时会对下属发点小脾气，但他并不是一个暴躁的管理者。不过，几个月前一次乱发脾气，至今都让他深感懊悔，暗暗在心中引以为戒。

那天一大早，何伟因为要多给老家的父母一些过节费的问题，和老婆吵了一架，心情很差。摔门而出后，一路上看什么都不顺眼。带着满腔怨气，来到了办公室，他看到工程部的王经理正和下属聚在一起有说有笑，他的脾气因此一触而发，不可收拾。“王东，公司是请你来做事，还是请你来说笑话的?”平常都称呼“王经理”，此时是直呼其名，语气严厉。“老大，我是在安排今天的工作呢。”王东委屈地辩解，和其他人一起用不明就里的眼光看着何伟，都觉得今天的他有点莫名其妙。“老大，什么老大！你以为这里是黑社会啊?”何伟冲王东越吼越凶。自己为公司累死累活地工作，还要受这样的怨气，王东最后实在受不了，就和何伟争吵了起来。最终的结果是，王东一气之下辞了职，投奔到了竞争对手的公司，同时还带走了几个大客户，处处与原公司作对。

有一位经理人在公司里人缘很好，他性情很好，待人和善，几乎没人看他生过气。有一次他的一位朋友经过他家，顺道去看看他，却发现他正在顶楼上对着天上飞过来的飞机吼叫，于是好奇地问他原因。

他说："我住的地方靠近机场，每当飞机起落时都会听到巨大的噪声。后来，当我心情不好或是受了委屈、遇到挫折，想要发脾气时，我就会跑上顶楼，等待飞机飞过，然后对着飞机放声大吼。等飞机飞走了，我的不快、怨气也被飞机一并带走了！"

一味地压抑心中的不快，并不能解决问题。案例中两位经理不同的宣泄情绪的方法值得管理者思考。在工作步调紧凑繁忙的职场中，人人都应学习如何舒解自己的精神压力，如此才能活出健康豁达的人生！而我们的工作中，有一些压力却又是必须的，就像船，必须要有些东西去压船，才能航行。所谓有张有弛，那么，我们必须学会时常自己纾解压力，学会调整心态，如此张弛有度，才能行得久、行得好、行得远。

8. 做下属的榜样

李·艾柯卡初任美国克莱斯勒公司经理时，公司正处于一盘散沙状态。他认为经营管理人员的全部职责就是动员员工来振兴公司。在公司最困难的日子里，艾柯卡主动把自己的年薪由100万美元降到1000美元，这100万美元与1000美元的差距，使艾柯卡超乎寻常的牺牲精神在员工面前闪闪发光。

榜样的力量是无穷的，很多员工因此感动得流泪，也都像艾柯卡一样，不计报酬，团结一致，自觉为公司勤奋工作。不到半年，克莱斯勒公司就成为拥有亿万资产的跨国公司。

在一个团队里，领导者当然是众人的榜样，其言行举止都看在众人眼里，只要懂得通过以身作则来影响下属，管理者就会得心应手，在效果方面，感化自古以来都比严酷的打骂效果高过不止一百倍。领导者必须明白团体的工作目标，了解团体的需要，并明白个人的工作情形，在适当的时候，做出明确果断的决定，不可受任何人情因素的蒙蔽，如此方能成功。

在任何一个团队里领导者都是下属们的榜样。下属总会将领导作为模仿的对象，模仿领导的工作习惯和修养，不管其工作习惯和修养是好还是坏。领导的德行有时就好比风，下属的德行好比草，风向哪边吹，草就向哪边倒。“君明则臣直”，可见，领导在工作中的示范效应自古就受到重视。

领导就是下属的表率，下属则是领导的一面镜子，领导认真工作，下属自然会跟着认真工作；领导偷懒，下属也会同样偷懒。如果领导上班总是拖沓、迟到，整个部门也必然跟着自由散漫起来。

一个领导要想为下属做好榜样，就要随时随地地研究管理的门道，而且一定要研究得十分透彻。千万不能疏忽大意、不求甚解。有些事情可能看来微不足道，但也要仔细观察；有些事情虽然困难重重，但也要努力去探究清楚。如能做到这一点，管理过程中的很多障碍，都可以一扫而光。

想要拥有非凡的能力，让自己充满魅力，从而成为下属的榜样，没有一股子倔劲，没有毅力是根本做不成的。能力并不是与生俱来的，它是通过后天锻炼、实践得来的。能力的提高并没有什么捷径可以走，它需要刻苦勤奋、百折不挠地去锻炼，也只有这样才能让自己起到真正意义上的榜样作用。

人们常常会发现这种场面：某家长下班回家，先喝上一杯酒，然后就躺在那里欣赏电视节目，自己悠闲自在，却要求同他一起看电视的孩子去学习或早点睡觉。孩子磨磨蹭蹭不肯行动是正常的，因为父亲的行为等于在说“随便玩吧”，经不住诱惑是更易效仿的。做家长的如果下班之后，都是在读书或查阅资料，孩子也会自然变得与以前不同。不管对自己的儿女也好，还是对下属也好，都是一个道理。所以，希望下属做到的，自己得首先做出个样子来，持之以恒的实际行动更甚于多余的说教。在领导不声不响努力工作的过程中，下属自然会被感化。

在公司中，如果领导能够率先示范，以身作则，那么这种激情和精神就会影响下属，让大家形成一种积极向上的态度，形成热情的工作氛围。

领导的榜样作用具有强大的感染力和影响力，是一种无声的命令，是一种最好的示范，对下属是一种极大的激励。相反，假如领导常常迟到，吃完午饭后迟迟不回到办公室，打起私人电话没完没了，不是因喝咖啡而中断工作，就是一天到晚眼睛直盯着墙上的挂钟，那么，他的下属大概也会成为这样的人。

从一定意义上来说，有什么样的领导，就有什么样的公司文化。比如，微软公司由于其创始人比尔·盖茨本人进取心很强，富有竞争与冒险精神，因而勇于进取创新、敢于冒险成为微软公司企业文化的鲜明特点；而IBM公司的情况恰恰相反，其创始人托马斯·沃森几乎为每一件事都制订了严格的规则，因而IBM公司的企业文化特征表现为稳健与保守。

可见，领导的所作所为，几乎全部都在下属效法的范围之内，并且对组织的文化有深刻的影响。所以，请你仔细检点自己的全部言行，不要做出你不希望在下属身上看到的那些言行。管人先律己，如果自己都做不到，又用什么规矩去约束和管理别人呢？

因此，作为领导要时刻牢记，任何一个组织对于他的领导者来说都是其观点、力量、信心、忧虑和缺点的一面镜子。你必须在你所说和所做的所有事情中为下属树立一个标准让他们参照，树立一个榜样让他们学习，这是任何一个领导也逃避不了的义务。要在工作中始终记得自己是下属的榜样，任何时候都要走在他们的前面，这样才能起好带头作用，让下属死心塌地跟着你走。

在事业发展过程中，必然会遇到许多困难和矛盾，作为一个单位的领导，尤其是一把手，绝对不能含含糊糊，得过且过，更不能推卸责任，下压上推，必须要埋头苦干，脚踏实地，敢于碰硬，敢于冲破阻力，确保工作落实到位，措施执行到位。

请记住，榜样的力量是无穷的，团队领导者要时时刻刻以身作则。

9. 有容乃大，“忍”者无敌

俗话说：“忍是成功法则。”学习忍耐，可以获得无穷的益处，可以让你走向成功。“以忍为上，吃亏是福。”坚韧的忍耐精神是一个人个性意志坚定的表现，“低头做人”被一切真正的成功人士奉为圣经。

然而，人最难做到的事情之一，就是维持自己的感情平衡。有时候，掌控不住情绪，不管三七二十一发泄一通，结果搞得场面十分难堪。生活中，每个人都难免会碰到这种擦枪走火的状况。但是，聪明人有将不良的情绪马上收回来的本事。自古以来，评价一个人，只要看他的涵养和行事的风格，就知他是否可以成为可塑之才，是否有大将之风，因此要成为人上人，除了常识与能力之外，全视其能否将情绪操控得当。一个人的涵养来源于他的修养，有修养之人都懂得控制情绪。遇事不能冷静，并且以某种极端手段处之的人，绝不是一个有修养的人。情绪处理得好，可以将阻力化为助力，帮你解危化险、政通人和。情绪若处理得不好，便容易失去控制，产生一些非理性的言行举止，轻则误事受挫，重则违法乱纪。

一位德高望重的长老，在寺院的高墙边发现一把座椅，他知道有人借此越墙到寺外。长老搬走了椅子，蹲在墙下等候。午夜，外出的小和尚爬上墙，再跳到“椅子”上，他觉得“椅子”不似先前硬，软软的甚至有点弹性。落地后小和尚定睛一看，才知道椅子已经变成了长老，原来他跳在长老的身上，长老是用脊梁来承接他的。小和尚仓皇离去，这以后一段日子他诚惶诚恐地等候着长老的发落。但长老压根儿没提及这“天知地知你知我知”的事。小和尚从长老的宽容中获得启示，他收住了心再没有去翻墙，通过刻苦修炼，若干年后，成为这儿的长老。

宽容不仅需要“海量”，更是一种修养促成的智慧，事实上只有那些胸襟开阔的人才会自然而然地运用宽容；反之，长老若搬去椅子对小和尚“杀一儆百”也没什么说不过去的，小和尚可能从此收敛但绝不会真正反省。其实这都涉及一个问题即管理，所谓管理说到底就是理顺人与人的关系，使管理者与被管理者之间达到和谐的统一，真正上档次的管理是一门艺术。你可以把对方“管”得规规矩矩，“理”得笔笔直直，但你不会运用宽容，就可能把人的可塑性和创造力给毁灭，焉又有“艺术”而言？

耐心和容忍是成功所必备的德行，而一个人的美德就是从细微的小事中体现出来的。“忍”也可用“忍耐”、“包容”的意思。因为管理者要想成功也是需要宽容的。宽容主要表现在对人上，忍耐则更多地表现在时事上，对条件、局势、时间的心理承受能力上。在中国古代的管理智慧中，十分推崇“小不忍则乱大谋”、“君子有容人之量”、

“宰相肚里能撑船”等，都是在告诫人们：欲成大事，先有大量。当一项事业须有较长时间才能建立，一件工作须等待机会才能行动，或一个项目须在条件成熟后才能展开的情况下，要懂得忍耐，学会忍耐，善于忍耐。要审时度势，冷静勿躁，要有耐心和韧劲。

后腾清一原来是三洋电机公司的副董事长，后来投奔松下公司。松下幸之助非常赏识他。但他照样犯过错误。在松下公司担任厂长时，一次因为管理上疏忽大意导致工厂失火。后腾清一心中十分惶恐，以为不被革职也要被降级。不料松下接到报告后只对他说了四个字：“好好干吧!”松下的宽容使后腾清一非常感激，此后便死心踏地为松下公司效劳，做出了很好的业绩，可以说，松下公司的辉煌离不开后腾清一等人的努力。

松下的做法，并不是姑息部下的过错，而是巧妙地抓住了人们的心理。在下属犯下大错误时，管理者要懂得装傻、装不知。这样一来，由于下属在犯错误时没有受到惩罚，自然会心生愧疚，对公司也会更加忠心效命，并以加倍的工作来回报。这就是宽容的智慧，松下幸之助正是凭借这种智慧成就了松下公司的大业。

在现代社会中，人与人相处，都难免有冲撞、过节、恩怨，最重要的是忘记过去，不计前嫌。如果老板与下属闹了点别扭，就寻机报仇，给下属小鞋穿，要好好收拾下属。其实，你不是在给下属难堪，而是在自己给自己制造麻烦。

第六章 如何成为团队中不可或缺的一员

不管你正在从事什么样的工作，如果你认为自己的劳动是无足轻重的，对它投以“冷淡”的目光，那么，即使你从事最非凡的工作，也不会有所成就。

智力并非一成不变，能力也并非与生俱来——这些都是技能逐渐积累的结果；人并非生来伟大，也并非生来平庸。有一句话说得好：“今天的成就是昨天的努力。”

1. 不做“不拉马的士兵”

一位年轻有为的炮兵军官上任伊始，到下属部队参观炮团演习，他发现有一个班的11个人把大炮安装好，每个人各就各位，但其中有一个人站在旁边一动不动，直到整个演练结束，这个人也没有做任何事。军官感到奇怪：“这个人没做任何动作，也没什么事情，他是干什么的?”大家一愣，说：“原来在军训教材里编队就是这样讲的，一个炮班11个人，其中一个人站在这个地方。我们也不知道为什么。”军官回去后，经查阅资料才知道这一个人的由来：原来，早期的大炮是用马拉的，炮车到了战场上，大炮一响，马就要跳、就要跑，一个士兵就负责拉马。到了现代战争，大炮实现了机械化运输，不再用马拉，而那个士兵却没有被减掉，仍旧站在那里。

一个公司就像一台庞大的机器，需要每个零件都明确分工，并各自发挥作用。那么，公司里的每个员工，就像这台机器上的一个个零件，首要的就是科学分工。只有每个员工都明确自己的岗位职责，才不会产生推诿、扯皮等不良现象。只有他们爱岗敬业，公司的机器才能得以良性运转。否则，队伍中就会出现“不拉马的士兵”。要想“人人有事做，人人做好事”，就要提高自身的责任心。责任心是职场员工从内心发出的一种自觉性心态，当责任心放在工作上时，便成为一个负责任、肯承担的员工。

不论在职场中处于哪一个岗位，只要有责任心，便可以将工作做得好。俗语有云：“天下无难事，只怕有心人。”怎样才算是有责任心呢？就是在自己的岗位上竭尽全力，务求把工作做到最好。每一个工作岗位都是实现人生价值的舞台。把职业当成你的事业来看待，心怀责任感和使命感才能做好工作。只要我们用对待事业一样的态度对待我们的工作，每个人都能在平凡的岗位上做出不平凡的业绩。

《风之王》中哑巴男孩阿格巴对“闪”许下诺言：“我的名字叫阿格巴，‘巴’和‘爸’发音差不多，我就是你的爸爸，闪，等你长大了，大家都会对你鞠躬，你会成为风之王。我保证!”

这是发生在两百多年前的一个传奇。迅疾如风的阿拉伯骏马“闪”是摩洛哥王国皇家马厩的宠儿，意外的机遇使它来到法国，又辗转到英国。然而命运一再捉弄它，它被埋没于嘈杂的市井之中。而这一切都不能改变“闪”高贵的血统，在不断的抗争中，它最终成了英国有史以来最优秀的赛马。

为什么“闪”能成为“风之王”呢？除了它高贵的血统和自身的执着抗争外，更是因为阿格巴对它的不离不弃。在“闪”刚刚出生时，阿格巴就对它许诺，要让它成为“风之王”。为了这个庄严的许诺，他和“闪”亲如父子，互相鼓励，不离不弃，最终等到了辉煌的那一刻。他和“闪”也赢得了大家的赞同，成为一时间最光荣的人物。

阿格巴能对“闪”有如此的付出，是因为一种力量，那就是责任。当总管大人认为“闪”会给皇家马厩带来噩运而把弯刀架在“闪”脖子上时，阿格巴跪了下来，苦苦哀求；当“闪”因为没有奶水喝、没有食物吃险些夭折时，阿格巴想方设法找来骆驼奶和蜂蜜喂养它；当“闪”经过长途的海上颠簸、忍饥挨饿到达法国，变得骨瘦如柴，沦为卑微的工作马时，阿格巴放弃了轻松的工作，搬到马厩和“闪”做伴，为它涂药膏；当“闪”对“罗珊娜小姐”（一匹母马）一见钟情时，阿格巴不顾一切地从马厩中放出了“闪”，结果他们被逐出伯爵家，流放到威肯沼泽上，与野草虫子为伍……尽管如此艰难，阿格巴却始终和“闪”在一起，因为他相信“是金子总会发光”，更因为他对“闪”许下的诺言，那诺言就是一份责任。

在职场也一样，一名优秀的职场员工，凡事有责任心，才能实现企业、同事及客户的承诺。例如把事情交托给你之后，上司及同事可以大感放心，因为你承诺会做的事情，结果总不会令大家失望；当客户与你有协议时，你也能一一遵守，这正是有责任感的表现。

大部分人在工作时，会有一定的自由度，以便灵活处理各种事务。有责任心的员工，会给予自己一份约束力，不会随便浪费资源，全凭责任心产生自律，令自己在没有人指导或督促的情况下，仍然全力以赴，不会放纵自己，令自己能有效率地完成工作任务。

因此，责任心成为优质员工的工作动力。当有一个能发挥所长的工作岗位时，忠于职守、勤奋尽责就是最基本的职业操守。每一个人的岗位不同，所担当的工作也不一样。为了把工作做到一百分，就一定离不开责任心。而且责任心促使一个人继续学习，不断进步，知道应该做什么，也知道如何做得更好，这便是有责任心的表现。

要令自己的职场生涯一片光明，只有凡事尽责，责任心是通往成功的不二法门。

2. 留有余地，还是全力以赴

一天，猎人带着猎狗去丛林中打猎。猎人瞄准一只兔子后扣动了扳机，可惜只打中了兔子的后腿。受伤的兔子拼命逃跑，猎狗在后面穷追不舍。可是没一会儿，兔子不见了，猎狗只好回到猎人身边。兔子回到洞里，它的家人都围过来，问它：“那只猎狗非常凶猛，你又负伤了，怎么能逃过来呢?”兔子说：“为了活命我不得不全力以赴啊!”

在职场中，总有人抱怨自己的业绩不突出。与其抱怨，不如静下心来想一想："自己在解决问题时想尽所有的办法了吗?""自己是否真的做到了全力以赴呢?"

施瓦辛格曾说："你必须把注意力百分之百地集中在你正在做的那件事上。心里不应该有任何杂念，也不能让感情来干扰。否则，你的主要精力就会朝另一个方向流走，就不会帮你比赛或者用在赚钱上。"

人生需要全力以赴，工作更需要全力以赴。任何一个组织都需要全力以赴的成员，任何一名全力以赴的员工都会受现代企业的欢迎。那么，当你还是组织中的一员时，你就应该抛开任何借口，全副身心地投入。全力以赴的人，是最懂得在工作中时刻都努力为自己再加一把劲的人，而他们也通过这种付出，锻炼出了超乎他自己想象的能力，同时也获得了超出自己期望的报酬。

1991年，一位名叫坎贝尔的女子独自徒步穿越非洲，不但战胜了森林与沙漠，更穿越了400千米的旷野。当有人问她为什么能做到如此令人难以想象的壮举时，她回答说："因为我向自己说过我一定能，而且我全力以赴地去做。"

人生的旅途就像马拉松赛跑，一路上虽然有人为我们喝彩、鼓掌，为我们加油，但这些都只是外在因素，真正的力量来自于我们的内心，来自于我们全力以赴的力量。当我们全力以赴时，我们充满了力量，向我们的目的地不断进发。

戴尔·泰勒是美国西雅图一所著名教堂里的牧师。一天，泰勒向教会学校的学生们发出了"悬赏"公告：凡是能背出《圣经·马太福音》中第五章至第七章的全部内容的人，都会受邀去西雅图"太空针"高塔餐厅，免费品尝那里提供的大餐。可是，需要背诵的内容多达数万字，而且不押韵，这对孩子而言难度非常大。许多学生要么就直接放弃了，要么浅尝辄止。

几天后，一个11岁的小男孩主动找到戴尔·泰勒，并在他面前一字不落地背诵了全部内容。而且，整个背诵过程十分流畅，就好像他在照着《圣经》读一样。泰勒十分震惊，因为在成年的信徒中，能背诵此篇幅的人也非常罕见。他对男孩的记忆力表示了由衷的赞叹，然后问他："你为什么能背下这么长的文字呢？"小男孩立刻回答道："因为我全力以赴。"十几年后，那个小男孩，成了世界著名的微软公司的老板，他就是比尔·盖茨。

可见，只要你全力以赴，没有什么事情是不可能的。全力以赴者，永远积极乐观，从不抱怨。他们从不自设樊篱，因而总能激发出自身的无限潜能。在积极心态的驱使下，全力以赴就会创造奇迹。

3. 做事要尽职尽责

一位先哲说过："如果有事情必须去做，便全身心投入去做吧！"另一位哲人则道："不论你手边有何工作，都要尽心尽力地去做！"我们只有在工作中做到尽职尽责，才能够把工作做得更好，才能更好地体现自己在工作和生命中的价值。工作就意味着责任，工作需要我们去尽职尽责地完成！社会学家戴维斯说："放弃了自己对工作的责任，就意味着放弃了自身在这个社会中更好的生存机会，放弃了自身的价值。"无论你所做的是什么样的工作，只要你能够尽职尽责地去把它做好，你所做的事情就是充满意义的，你就会获得尊重和敬意。

有一位平凡而又伟大的公交司机。在他生命的最后一分钟，他做了三件事：

第一，把车缓缓地停在马路边，并用生命的最后力气拉下了手动刹车闸；

第二，把车门打开，让乘客安全地下了车；

第三，将发动机熄火，确保了车、乘客和行人的安全。

他在做完了这三件事后，便安详地趴在方向盘上停止了呼吸。这名司机叫黄志全，因为他心脏病突发仍然在工作中尽职尽责，他的事迹家喻户晓。

如果我们每个人都充满着责任感，尽职尽责地去对待工作，那么就会设法去解决出现的问题，就能够排除万难，甚至可以把“不可能完成”的任务完成得相当出色。但是，一个人一旦失去责任感，不能够尽职尽责地去对待自己的工作，那么即使是自己最擅长的工作，也会做得一塌糊涂。

责任就是对自己所负使命的忠诚和信守，责任就是出色地完成自己的工作，责任就是忘我的坚守，责任就是人性的升华。一个人如果希望自己一直有杰出的表现，就必须在心中种下责任的种子，在工作中做到尽职尽责，让责任鞭策、激励、监督自己，让自己的潜能发挥出来。清醒地认识到自己的责任，并勇敢地承担责任，无论对于自己还是对于社会都是应该的，这是每一个人应尽的义务。任何时候，我们都不能放弃肩上的责任。不管从事什么工作，我们都需要尽职尽责。

有一个替人割草赚钱的男孩打电话给布朗太太说：“您需要割草吗?”布朗太太回答说：“不需要了，我已经有了割草的人了。”男孩说：“我会帮您拔掉草丛中的杂草。”布朗太太回答：“我的割草工人已经做了。”男孩又说：“我会帮您把草与走道的四周割齐。”布朗太太说：“我请的那人也已做了，谢谢你，我不需要新的割草工人。”男孩便挂了电话，此时男孩的伙伴问他：“你不是就在布朗太太那儿割草吗？为什么还要打这个电话？男孩说：“我只是想知道我究竟做得好不好!”

其实经验源于经历，多承担一些，多经历一些，经验自然有了，而工作也会越做越出色。工作本身就是一种责任，既然你在做这份工作，你就应该担负起这部分责任。我们在日常的工作中应努力做到处处尽责，不断地完善自我，只有这样我们才能够远离怠惰，我们的才能才不会荒废，我们也才可能在职业生涯中取得更多更大的成就。同时，只有敢于承担责任的人，才能够获得领导和同事的信任，才能在工作中走得更好、更稳、更远。在工作中，无论是过程还是结果，我们都应该有一种负责并尽责的意识与精神，只有我们每一位员工都担负起自己的那部分责任，对自己的工作做到尽责，整个公司才能更好地发展下去，公司发展，同样就会提供给我们更好更高的发展平台，让我们的个人价值得到进一步的体现。

而当我们对自己的工作承担起责任进而尽责地去做的时候，我们就能从工作中寻到乐趣，在工作中学习到更多的知识、积累到更多的经验。虽然这种知识、经验的积累不会马上就显现出效果，但持之以恒地坚持下去一定会为我们个人的发展带来巨大的正效应。相反，当我们对待工作不尽责，得过且过，抱有一种对付的心态时，那任何工作也不能做好，公司看到这样的员工也一定不会再包容，最后只能被淘汰。不管在哪家公司，只要你能够认真、尽责地对待自己的工作，你就会受到公司领导的重视，从而获得更多的发展机会。对工作尽责，其实也是对自己尽责，当你的工作出色了，得到了重用，你就会获得更多的生存资本，提高生存能力。

“无论从事什么职业，都应该精通它。”让这句话成为你的座右铭吧！下决心掌握自己职业领域的所有技能，使自己变得比他人更精通。如果你是工作方面的行家里手，精通自己的全部业务，就能赢得良好的声誉，也就拥有了成功的秘密武器。

4. 将不可能变成可能

一位成功人士说："只要有无限的热情，几乎没有事情不可能成功。"职场上，那些业绩平庸的人，总是说这不可能，那不可能，其结果是真的没成功，真的没有了可能。

美国布鲁金斯学会以培养世界杰出的推销员享誉海内外。它有一个传统，在每期学员毕业时，设计一道最能体现销售员实力的实习题，让学员去完成。

克林顿当政期间，该学会推出一个题目：请把一条三角裤推销给现任总统。八年间，无数的学员为此绞尽脑汁，最后都无功而返。克林顿卸任后，该学会把题目换成：请把一把斧子推销给布什总统。布鲁金斯学会许诺，谁能做到，就把刻有"最伟大的推销员"的一只金靴子赠予他。许多学员对此毫无信心，甚至认为，现在的总统什么都不缺，再说即使缺少，也用不着他们自己去购买，把斧子推销给总统是不可能的事。

然而，有一个叫乔治·赫伯特的推销员却做到了。这个推销员对自己很有信心，认为把一把斧子推销给小布什总统是完全可能的，因为布什总统在得克萨斯州有一个农场，里面长着许多树。

乔治·赫伯特信心百倍地给小布什写了一封信。信中说："有一次，有幸参观了您的农场，发现种着许多矢菊树，有些已经死掉，木质已变得松软。我想，您一定需要一把小斧子，但是从您现在的体质来看，小斧子显然太轻，因此你需要一把不甚锋利的老斧子，现在我这儿正好有一把，它是我祖父留给我的，很适合砍伐枯树……"后来，乔治收到了布什总统15美元的汇款，并获得了刻有“最伟大的推销员”的一只金靴子。

很多事实证明，“不可能”的事通常是暂时的，只是人们一时还没有找到解决它们的方法罢了。所以，当你遇到难题或困难时，永远不要让“不可能”束缚自己的手脚，有时只要再向前迈进一步，再坚持一下，也许“不可能”就会变成“可能”。而成功者之所以能成功，就是因为他们对“不可能”多了一分不肯低头的韧劲和执着。

任何事，只要你去做，就没有不可能的。

福特汽车公司的创始人亨利·福特决定生产V-8型引擎。这是一个创造性的想法，在当时，连底特律最杰出的工程师都认为这是不可能的，“要将8只汽缸铸成一个整体，这怎么可能呢?”但亨利·福特下决心无论如何也要生产这种引擎。他对那群一筹莫展的工程师们说：“只要去做，没有什么是不可能的。”

一年很快就过去了，工程师们几乎试了所有办法，就是无法攻破技术难关。他们找到福特再一次强调“这事根本不可能实现”。但福特并没有灰心，他命令工程师们继续去做。

终于，奇迹出现了，他们找到了诀窍，最终设计出了V-8型引擎。

很多时候，不是因为有些事情难以做到，而是你没有信心，只要你有信心，没有什么事是不能做到的。

5. 不要将双手插在裤兜里

在当今竞争激烈的年代，许多年轻人以玩世不恭的态度对待工作，他们频繁跳槽，觉得自己工作是在出卖劳动力；他们蔑视敬业精神，嘲讽忠诚，将其视为老板盘剥、愚弄下属的手段。

现代管理学普遍认为，老板和员工是一对矛盾的统一体，从表面上看，老板和员工之间存在着对立性，老板希望减少人员开支，而员工希望获得更多的报酬。但是，在更高的层面上，两者又是和谐统一的。公司需要敬业和有能力的员工，业务才能进行；员工必须依赖公司的业务平台才能获得物质报酬和满足精神需求。因此，对于老板而言，公司的生存和发展需要员工的敬业和忠诚；对于员工来说，丰厚的物质报酬和精神上的成就感也离不开公司的存在。

敬业是职场中最应值得重视的美德。只有所有的员工敬业，才能发挥出团队的力量，才能拧成一股绳，劲往一处使，推动企业走向成功。一个公司的生存可以依靠少数员工的能力和智慧，但更需要绝大多数员工的敬业和勤奋。

老板在用人时不仅仅看重个人能力，更看重个人品质，而品质中最关键的就是忠诚度。在这个世界上，并不缺乏有能力的人，那种既有能力又忠诚的人才是每一个企业企求的理想人才。人们宁愿信任一个能力差一些却足够敬业的人，而不愿重用一个朝三暮四、视敬业为无物的人，哪怕他能力非凡。

查理在一家高科技公司的收发室工作，是一个临时工。在近一段时间，公司要进行人事改革、机构调整，目前正处于人员去留不定的等待阶段。由于公司对人才素质要求很高，许多年轻的大学生都认为自己将有可能被淘汰，在还没有得到确切消息之前，他们就干脆不来上班了。查理心里知道，像他这样的临时工，公司是绝对不会留用的，更应该早做打算。但是，在还没有交接钥匙之前，他不想丢弃自己的分内的工作。他依然像往常一样勤奋的工作着，及时地把报纸、信件送到各个部门后，又马不停蹄地为自己增加了一份额外的工作——替各个办公室搞起卫生。

时间的脚步永远不会停滞不前，交接的这一天终于到了，查理知道自己真的要和这份工作说再见了，他决定坚持做好最后一次。查理干得格外认真、仔细，甚至为将要接替他的工作的人画好了去各个部门的线路图。这时，有个年轻人来到收发室问他："许多人早就不来了，你怎么坚持到现在还在工作?"查理说："今天是我干这份工作的最后一天，明天我也不来了，但是我把今天的事情做完、做好了，走时心里才踏实。无论做什么，总得要有始有终吧。"年轻人没说话，点点头走开了。查理继续做着他的事情，他把收发室收拾得干干净净，一尘不染，又把桌凳上稍微有点松动的螺丝拧紧一些，把盛放报纸的壁橱再次整理一番，直到下班，他到接收办公室交钥匙时，还不忘给阳台上的花草浇浇水。

第二天，是公司宣布留用人员名单的日子，大家惊奇地发现，竟然有查理的名字！原来，和查理谈话的年轻人就是公司的新任董事长。他在当天全体员工大会上郑重宣布："公司需要做事认真、有责任心、爱岗敬业的员工，查理就是一个对工作敬业的典型。不爱岗的人必然下岗，不敬业的人肯定失业。"

只有敬业才能获得职位，那么在工作中如何才能做到敬业呢?

（1）忠于职守。世界上有三种事，第一种事是想做的事，也就是希望做的事；第二种是能做的事；第三种是应该做的事。对我们来讲，想做的事情太多啦，但是，想做的与你能做的和我们的工作都没有什么关系，最重要的是，要把该做的事做好。这就是忠于职守。作为公司的一份子，每一个人都有着其基本的工作职责和工作范围。业务部最重要的是沟通好各种关系，提高销售；市务部最重要的是提高每个卖场的零售；客户服务中心最重要的是服务好我们的客户；人力资源部门则是尽可能招聘到合格人才，对他们进行有效的培训；等等。这些例子我们不需要举太多，只有先把自己的本职工作、自己该做的事做好了，得到了提升，有了更大的职责范围，你才有可能做你想做的事或希望做的事。

（2）尽职尽责。全心全意就等于尽职尽责。如果工作没有完成，我们要首先要问自己这样一个问题，我尽心了吗？我尽力了吗？如果你尽力了，尽心了，没有人会指责你。什么叫问心无愧？尽职尽责就是问心无愧。要做到尽心尽责，我们有责任做下面的事：努力学习，提高完善自己的能力和素质。学习不仅是自己的事，也是公司的事。相信这样一句话：能力的提高，会反映在工作的结果上，最终会在你的收入上体现出来；力求把工作做到最好。重视团队的合作。工作不再是一个人的工作。团队合作是取得成功的必要条件。尽职尽责就要确保自己能融入团队中，为团队目标完成尽自己的努力。人的知识有两种，普通知识和专业知识。决定我们命运并不是前者，而是后者。因为我们生存的工具就是我们的专业，只有精通才能胜任。

（3）一丝不苟。蒙牛的老板牛根生说，这个世界既不是有权人的世界，也不是有钱人的世界，而是有心人的世界。“九层之台，起于垒土，千里之行，始于足下。”成功本身就是一种积累，罗马也不是一天建成的。对工作一丝不苟，就是对自己一丝不苟，就是对自己前途和未来一丝不苟。如果你认为你的前途一文不值，你就可以不选择一丝不苟。

（4）自动自发。什么是自动自发？两个字：主动。没有成功会自动送上门来，也没有幸福自动降临到一个人的身上。这个世界上所有美好的东西都需要我们主动去争取。工作是这样，机会是这样，婚姻如此，财富也是如此，没有一样东西你可以轻易得到。如果不是主动争取，我们的产品能顺利地进驻大商场吗？如果不是主动争取，中国能加入 WTO（世界贸易组织）吗？同样在公司里，如果你想有好的人际关系，你就必须选择主动问候，如果你想受人欢迎，你就必须主动承担责任，如果你想有机会晋升，你就必须主动地争取任务，如果你想别人对你好，你就必须主动对别人好。主动也就是每天多做一点，不要对自己说，我必须为公司做什么，而是要对自己说，我能为公司做什么。当你选择主动的时候，从竞争中脱颖而出将会是迟早的事。付出与回报是必然的因果关系，它就像在银行里存钱一样，存得越多，得到的也会越多。

所以，无论你在何时何地，也无论你从事什么样的工作，都应该尽职尽责投入其中，认认真真地做好每一件事，并竭尽所能去完成它，那样于人于己都心安理得，争取自己所做的每一项工作都能善始善终，你会发现，敬业最终会改变你的人生。

6. 不断提升自己

常听到不少职场人在抱怨公司、抱怨同事，觉得自己过得很不如意，或许下面这个故事会给这些抱怨的人一些启发。

吴彬对孙云说：“我要离开公司了，我恨这个公司！这个公司太烂了。”

孙云建议道："我举双手赞成，这个破公司一定要给它点颜色看看。不过你现在离开，还不是最好的时机。"

吴彬问："为什么？"

孙云说："如果你现在走，公司的损失并不大。你应该趁着在公司的机会，拼命去提升自己的职场能力，进而为自己拉一些客户，成为公司独当一面的人物，然后带着这些客户突然离开公司，公司就会受到重大损失。"

吴彬觉得孙云说得非常在理。于是改善心态，发挥优势，积极行动，和同事处好关系，努力工作。事遂所愿，半年后他有了许多忠实的客户。

再见面时孙云问吴彬："现在是时机了，要跳赶快行动哦。"

吴彬淡然笑道："老总跟我长谈过，准备升我做总经理助理，我暂时没有离开的打算了。"

不得不佩服孙云的智慧，他巧妙地改变了吴彬的关注点，从抱怨公司变成提升自己的职场能力，把自己变得重要。把自己变得重要是一种能力，重要与否不是自己说了算，而是靠他人的认可。这需要不断提升自己的工作能力，最终能够出色完成任务。在努力成长的过程中，自身的能力在不断提高，对公司的贡献也在提高。如果公司能看到员工的重要性，自然会加以重用；如果公司看不到员工的价值，那时以你的能力足以轻松迅速地找到另一家更好的单位。抱怨、牢骚不能解决问题，工作中要想真正得到他人的认可，必须不断提升自己的业务能力。

为什么有人整天忙忙碌碌，却仍然原地踏步？为什么有人很轻松却平步青云？学习，永无止境；学习，是不断进步的动力和源泉，是迈向成功的必经之路。在职场中拼搏，要想取得成就，必须懂得学习的重要性，通过学习不断提升自己。那么，我们在职场如何通过学习来提升自己呢?

(1) 丰富你的工作经验。工作经验要在不断的工作实践中获得。从一个新人到一个职场老手，无疑是工作经验不断积淀的结果。怎样丰富工作经验呢?比如，你要谦虚地向他人求教，他人一般指的是你的同事、上司，尤其是那些职场的老员工，在他们身上，你能学到很多书本上没有的职场经验，包括如何搞好职场人际关系，如何处理与客户的关系，如何高效地完成工作，如何在老板面前获得肯定，如何制订工作计划，如何使用重要设备等，如果你虚心求教，这些老员工们通常也愿意去帮助你。

(2) 增加你的社会阅历。社会阅历，是增强你的职场生存能力的关键。比如说，拥有丰富社会阅历的员工，即使在这家公司做得不顺利，也能够迅速凭借各种积累起来的社会资源顺利跳槽，获得另一份工作。要想提升社会阅历，就要在工作中不断地接触社会，选择那些富有挑战性的工作去做，不要整天埋头于书纸堆和办公室中，守着公司的一小片天地，而要学着放眼社会，凭借自己在公司中的职位，将其作为一个社会角色尽可能地融入社会之中，结交到更多的朋友，见识到更大的世面，这本身就是对社会阅历的提升。

(3) 提高你的工作能力。工作能力是职场生存的硬道理，也是个人的硬实力。所谓“世事洞明皆学问，人情练达即文章”，要想更好的提升自己的工作能力，就要做一个工作中的有心人，多听、多看、多记、勤思考。一方面，提高自己的职场专业知识水平，提升业务能力;另一方面，努力提升自己的逻辑思维能力、临场应变能力、思辨分析能力、语言表达能力、创新思维能力等，成为一个有计划、有头脑、有涵养、有追求的高能力员工。

(4) 提升你的工作业绩。工作做得好不好，业绩是关键。要想在事业上取得进步，要想获得晋升，归根结底还是要靠业绩说话。因此，在努力提升自己能力的同时，你要学会利用个人或群体力量不断取得工作业绩，用业绩来证明自己。

7. 服从是一种美德

哈里·杜鲁门总统为何解除了道格拉斯·麦克阿瑟将军的职务？朝鲜战争的失败只是其中的一个原因。杜鲁门总统在解除麦克阿瑟将军职务时说，他之所以终止麦克阿瑟将军的政治生涯，既不是由于麦克阿瑟将军同他意见不一致，也不是由于麦克阿瑟将军对他进行人身攻击，而是由于麦克阿瑟将军不尊重总统的办公厅，这是绝对不能容忍的。麦克阿瑟最后被撤职，就是因为他不服从上级。

麦克阿瑟不服从上级指令可是历来有名的。在20世纪20年代末30年代初的经济危机期间，一些退伍军人及其家属到华盛顿请愿，要求政府发给现金津贴。当时任陆军参谋长的麦克阿瑟到示威现场阻拦。在任总统胡佛指示麦克阿瑟不要动用军队对付示威者。麦克阿瑟对总统的指示不予理睬，用军队驱散了示威的人群。

第二次世界大战结束后，杜鲁门总统尽管对麦克阿瑟印象不佳，但对他还是委以重任。麦克阿瑟成为战后美国在日本的施加影响的直接执行者，他对日本的政治、经济改革影响重大，使日本基本上消除了军国主义、法西斯主义，走上了社会经济迅速发展的道路。但麦克阿瑟在没有经过华盛顿批准的情况下，擅自将驻日美军削减一半。麦克阿瑟的举动实属目中无人，杜鲁门大为恼火。战争结束后，杜鲁门两次邀请麦克阿瑟回国参加庆典，都被麦克阿瑟以“日本形势复杂困难”为由回绝。

1951 年 4 月 11 日，杜鲁门总统下令撤销了麦克阿瑟的一切职务。最让麦克阿瑟尴尬的是，他是在新闻广播中获悉自己被撤职的。这一消息实在太突然了，没有丝毫思想准备的麦克阿瑟听到后，面部表情一下子呆滞了。他万万没有想到，功勋卓著的他，会被总统撤销一切职务。

无论是什么时期，也无论是哪个国家，军人都是以服从命令为天职。可以说服从与忠诚是军人必备的优秀品质之一，只有具备服从品质的人才会在接受命令之后，更好地发挥自己的主观能动性，想方设法完成任务，即便是完不成任务也决不找借口推脱责任。

服从上级指令不仅是在战场上、政坛上，同样在组织中、在公司里，不能与上司保持友好合作关系，只会带来失望的结果。要忠于公司，这当然不是说你一定得同意上司的见解。在公司中，必须要保持上级指挥下级，下级服从上级的制度。若是不注意这一点，不但会给本人和上司造成麻烦，公司的业务进展也会不顺利。

服从，自古军队的高官都在讲军人的天职就是服从，要求军人无条件地服从长官的指令。在美国的西点军校，有一个广为传诵的悠久传统，学员遇到军官问话时，只能有四种回答："报告长官，是"；"报告长官，不是"；"报告长官，不知道"；"报告长官，没有任何借口"。除此以外，不能多说一个字。

这个传统推崇的是绝对服从的理念。"服从"是美国西点军校 200 年来奉行的最重要的行为准则，是西点军校传授给每一位新生的第一个理念。它强化的是每一位学员想尽办法去完成任何一项任务，而不是为没有完成任务去寻找借口，哪怕是看似合理的借口。秉承这一理念，无数西点毕业生在人生的各个领域取得了非凡的成就。

而在职场上服从二字也依旧适用，我们依旧要服从上司。服从是一种美德，是行动的第一步。对于企业的员工来说，必须暂时放弃自作主张的作风，全心全意地遵循所属机构的价值观念，必须做到绝对地服从。只要你抛开任何借口，对公司全心投入自己的热情和精力，永不妥协，尽职尽责，处处为公司着想，你迟早会得到领导的赏识，得到公司的重用。当企业里的所有员工都全面地贯彻服从的概念，具有了强烈的纪律意识的时候，这个公司便会像一个训练有素、充满战斗力的军队一样不断取得胜利。公司就会迎来一个崭新的局面，公司发展的势头会越来越好、越来越强劲。

一个踏实进取的员工，也必定是一个具有强烈纪律观念的员工，他必定会具备服从的美德。纪律永远是忠诚、敬业、创造力和团队精神的基础。对于企业而言，没有纪律，便没有了一切。不具备服从意识的员工，根本无法认真有效地完成领导交代的任务，又怎么会得到领导的赏识呢？久而久之，他们会养成一种恶劣的自由主义作风，我行我素，整个企业就会变成一盘散沙，这会影响到企业的文化建设，降低企业的核心竞争力。

对于员工而言，在服从的过程中，你可以更加有效地去了解企业的价值观念和经营理念，学习相应的工作技能，在默默无闻的奉献中充实自己、提高自己，让自己更快地融入企业中去，从而为自己的工作打下坚实的基础。你的服从，事实上是一种非常明智的选择。它可以让你少走弯路，尽快地、出色地、完美地完成工作，同时会成为你和领导之间良好的沟通桥梁。如果你坚持“服从”的理念，那么你迟早会得到重用，实现自身的价值。

8. 是找借口，还是找办法

在职场中，一个优秀的员工应该做到不找借口而找方法。这是一种负责的、敬业的工作精神，一种主动的、有活力的工作态度，一种积极的、全力以赴的执行力。这是无数商业精英奉行的理念，是众多领导欣赏的素质——只为成功找方法，不为失败找借口。

西点军校一直被称为“美国陆军军官的摇篮”，其中有3700多人成为将军，还出了两位美国总统格兰特和艾森豪威尔。其实，西点学员并没有什么超人的能力或智慧，他们所拥有的是超人的心态。在西点军校的22条军规上，第二条就是“无任何借口”，而第一条是“无条件执行”。

西点学员奉行的是，在执行任务的过程中，遇到困难就解决，不惜一切代价，坚决完成任务！不找任何借口，保证完成任务，全力以赴去执行！这应该成为每个公司、每个员工的必备职业精神。这样的员工是战无不胜的职场勇士，而这样的公司是高效的、不可战胜的。

日本松下集团的创始人松下幸之助就是一个从不找借口推脱责任的人，他对自己如此，对员工也是同样的要求。他不允许下属为工作上的失误找各种借口或理由，要求他们大胆承认自己的错误。这样做使得整个松下集团从上到下形成了一种敬业负责的风气，所以成为日本的精英企业并不为奇。

任何单位都不需要机械式地重复作业，工作本身就充满未知和挑战，但是公司需要的人才是知难而进、不断刷新成绩的人。潜能无限，只有懂得开发的人才能将其发挥到极致。对待工作不能墨守成规，没有什么是不可能的，工作中敢于做出新突破才能迎来柳暗花明。你必须相信，方法总比问题多。只有这样，才能迎接新的挑战；只有战胜一个个新的挑战，才能品味久违的成功。只有在工作中出类拔萃才能在职场上卓尔不群。精英和平庸之间的距离也许仅仅是一条线，冲破“借口”这条线的束缚，未来的职场将海阔天空。

一件事你不做你就不会知道能不能做。你不去拜访客户怎么会知道客户其实也特别想与你合作呢？你害怕过竞争对手吗？那么你是否知道竞争对手也非常害怕你呢？只要精神不滑坡，方法总比问题多。只要相信这句话的魅力，它就会让你因为找方法而脱颖而出。虽然我们只是众多普通员工中的一员，但是只要以积极的态度对待每一件事，认真地找方法把每一件事情解决好，就会因为在困难面前永不退缩、努力寻找解决方法而脱颖而出。

大多数的人在做一件事情不成功或者被批评的时候，总是会找种种的借口推卸责任，因为他害怕承担错误，害怕被别人讥笑，或者只是想得到暂时的轻松和自我解脱。上班迟到了，可以说是因为堵车；工作搞砸了，可以说是领导决策错误；客户不满意，可以说对方过于苛刻；升不了职，可以说领导偏心等。毫不夸张地说，借口就是一个掩饰自己弱点、推卸责任的“万能器”，有多少人把宝贵的时间和精力放在了如何寻找一个合适的借口上，而忘记了自己的职责和责任。更为可怕的是，借口常常还是一张敷衍别人、原谅自己的“挡箭牌”，容易扼杀人的创新精神，让人消极颓废。它更是一剂鸦片，让你一而再、再而三地去品尝它，逐渐地让你变得心虚、懒惰，遇到困难就退缩，最终丧失行动能力。

机遇偏爱有准备的人。每一份工作，每一项任务都是发挥自己潜能、展现自我价值的机会。有的人常在抱怨工作太琐碎，不能展示自己的才能，其实只要用心经营，再微不足道的工作也能释放光彩，每个岗位都是施展才华的平台。有的人抱怨领导交给自己的任务太难，简直是苛求，其实只要动脑筋找方法，没有攻克不了的难关。给自己找借口推辞而不去努力就等于白白放弃了机会。不要任何借口，将每份工作都视为机遇好好去把握。

9. 一滴水可以折射太阳的光辉

所谓细节，就是细小的环节或情节。细节因为细微，所以往往容易被人忽视。但是，无论在工作中，还是在生活中，都不可忽视细节。唯有重视每一个细节，不断修正、不断改善每一细节，才能把事情做得圆满，才能到达成功的彼岸和理想的境界。

高红刚刚高中毕业，因为家庭贫困，辍学后独自一人来到了北京打拼。没有学历，没有文凭，在遭遇了多次白眼后，一家房地产公司见她心诚，正值公司缺人，就录用了她。条件是 3 个月必须卖出 5 套房，总价值 260 万元。为完成这个目标，她没少吃苦头。由于普通话不好，客户一来就被同行抢走了，她这个外来妹，只有靠自己建立客户关系。有一段时间，她甚至感到绝望。

但是经过几天观察，她发现，同事只对穿着气派者热情，看上去很一般的人，他们态度比较冷漠。但她不一样，每个向她咨询楼盘的人，她都仔细询问客户的要求，通风、采光、大小，并留下自己电话等。一次下雨，一个看上去很土的客户走进来，脚上的雨水湿了一地，其他售楼人员一点也没有放在心上，以为是近来躲雨的。只有高红主动迎上去，问他有什么需要帮助的。这位客户什么也没有说，只是问了问房价，以及交房时间，然后说："明天给你打电话要几套。"然后扭头就走了。高红不相信自己的耳朵，以为听错了，其他的售楼小姐也惊愕不已。但“明天给你打电话要几套”这句话却飘进了每个人的耳朵。第二天，那位客户打来电话，他要两套房，下午交订金。第二天客户准时到来，交了钱后，对高红说：“你没有另眼看人，所以买下你的房子。”那一刻，她内心十分感动，一点别人忽视的细节，却成就了自己。就是这点细节，却产生了多米诺骨牌效应。随后，那位客户陆续给她带来了好几位客户。3 个月下来，她卖了 6 套房，价值 300 万元。她成了公司最受瞩目的人，老总提升她为售楼部副经理。

细节所蕴含的巨大力量，不仅可以提升你的人格，增加你的竞争力，还让你离成功更近一点。

做大事不拘小节，固然是一种处事态度，但这往往也是一种很危险的做法。不拘小节有时会误大事的事例不胜枚举。无论是在工作还是生活中，做事认真仔细，才能把事做得尽善尽美。所以，在工作中尤其要注重细节，从小事做起。正如汪中求先生在《细节决定成败》一书所说的：“芸芸众生能做大事的实在太少，多数人的多数情况总是只能做一些具体的事、琐碎的事、单调的事。也许过于平淡，也许鸡毛蒜皮，但这就是工作，是生活，是成就大事的不可缺少的基础。”由此，我们在工作中需要改变心浮气躁、浅尝辄止的毛病，提倡注重细节，把小事做细、做实。

一滴水能折射出太阳的光辉。那么，一件小事就能反映企业的面貌。从小事做起，不要忽略工作中的每一个细节。因为它映射出的是我们的企业文化和企业精神，我们每个人的言行就像一张闪光的“企业名片”，走到哪里，都会留下一道光彩。

职场中不起眼的小细节往往是决定成败的关键。培养几个好习惯，不仅能让你在职场中获得更快的成长，而且对个人发展也是大有裨益的。

（1）把自己的时间调快五分钟，让自己更守时。把手表、手机、电脑、挂钟……你身边一切的计时器的指针往前轻轻拨动五分钟。于是，你发现，早上上班不再顶着一头乱发气急败坏地冲向打卡机，再也不会出现拉开会议室的门发现领导已经端坐在里面等你的尴尬，去拜访客户再也不用一边赶路一边整理领带或是补妆……一天依然是24小时，工作量依然，但你会发现因为这五分钟，自己的工作和心境却从容、自信了很多，表现更加出色。也给领导留下了准时、敬业的好印象。

（2）使用待办列表，看得见的效率。多头绪的工作，临时任务，总让人感到疲于奔命，却又收效甚微。而你需要的只是花五分钟写一张待办列表，按轻重缓急列出工作任务，设置好提醒，就能让你的工作一环接一环，有条不紊。一旦确定了当下工作重点，尽量避免被其他事情牵绊。

（3）早中晚静思十分钟。古人说，一日三省吾身。这一人生大智慧在职场中同样受用。趁清晨赖床的时候，想想昨天的失误、今天的要事；午餐后，找个安静的角落闭目养神，想想今天工作中碰到的难题，检查一下问题出在哪里；晚上睡觉前，提前几分钟关掉电视，总结总结自己今大的收获，问问自己是不是还可以做得更好。每天给自己一点安静反省的时间，就是在一点点修炼自己的品格，坚持下来就成了你职场中的一大步。

（4）放一本书在包里。李开复是利用"时间碎片"的高手，向他学习会让你受益匪浅。每天，我们都有不少时间用在等待上，与其读报纸上的家长里短，不如带一本书上班、等地铁、等女朋友……把这些无所事事的时间碎片利用来学习、充电，让自己的思想和知识时时更新。

（5）幽默属于充满乐观的人。面对穿着油漆工服、头发上沾满涂料的面试者，面试官问："假设有个人不穿着正装就跑过来面试，然后我却录用了他，你会怎么评价?"这位面试者镇定而幽默地回答道："那他的裤子一定很不错。"大笑的面试官最终录用了他。这是电影《当幸福来敲门》中的经典对白，主人公 Chris 历经磨难，却始终乐观以对，最终圆了自己的职业梦。

(6) 对不认识的同事点头微笑。办公室里、走廊里，总会遇到一些陌生的面孔，可能是来拜访的客人，也可能是其他部门的同事，甚至有可能是上司的家属。当面对面时，你是面无表情地飘过，还是点头微笑，几秒的时间里对方就会给你的修养，也给部门或公司的修养打出分数。那么，形成一个喜欢微笑的好习惯吧，温暖了他人，也会闪亮自己。

10. 人之所以为人者，礼仪也

元朝时，有一位文人胡石塘，来到京城拜见忽必烈。到了大殿上，胡石塘说明来此的用意："我这次进城，是希望殿下可以重用我为谋士，为您争取天下。"忽必烈问道："胡先生，你平常都学些什么？凭什么说自己有能力做我的谋士呢?"

胡石塘冷静地说："平常我观察天下重要的事件，学的都是一些治理国家的道理。"

忽必烈继续问："我的谋士已经有数百人了，一般谋士都有自己的一套治国理论，你认为自己的理论着重在什么地方?"

胡石塘这么回答："我的治国之道，是不偏不倚、不左不右。"

忽必烈以试探的口吻说："这么说来，你果真信心十足了?"

胡石塘充满自信地说："当然，没有真才实学，我岂敢进城拜见您?"

忽必烈若有所思："可是，你连自己的斗笠都戴不好，歪歪斜斜的，要我如何相信你的治国之道是不偏不倚呢?"

结果，忽必烈并没有重用胡石塘。

"思想是没有表达出来的行为，行为如果表达了思想，那么思想就成为你的行为。"

职场中一个人的工作能力是关键，但同时也需要注重自身形象，特别是在求职、工作、会议、商务谈判等重要活动场合，形象好坏将决定你的成败。

在这个越来越眼球化的社会里，一个人尤其是职场人士的形象将可能左右其职业生涯发展前景，甚至会直接影响到一个人的成败。据著名形象设计公司英国 CMB 对 300 名金融公司决策人的调查显示，成功的形象塑造是获得高职位的关键。另一项调查显示，形象直接影响到收入水平，那些更有形象魅力的人收入通常比一般同事要高 14%。

职业形象就像个人职业生涯乐章上跳跃的音符，合着主旋律会给人创意的惊奇和美好的感觉，脱离主旋律会打破和谐，给自己的职业发展带来负面影响。因为职业形象和个人的职业发展有着密切的关系。

(1) 个人的人性特征特质是通过形象表达的，并且容易形成令人难忘的第一印象。第一印象在个人求职、社交活动中会起到很关键的作用。特别是许多人力资源部门在招聘员工时，对应聘者职业形象的关注程度要远远高于我们的估计。甚至许多公司在面试中对职业形象方面关注的比重也很大。因为他们认定，那些职业形象不合格、职业气质差的员工不可能在同事和客户面前获得高度认可，极有可能令工作效果打折扣。

（2）职业形象强烈影响个人业绩。首当其冲的就是业绩型职业人，如果自己的职业形象不能体现专业度，不能给客户带来信赖感，所有的技巧都是徒劳，特别是对一些进行非物质性销售工作的职业人，客户认可更多的是人本身，因为产品对他们来说是虚的。即使是人力资源部门的人，如果在和政府机关、事业单位、合作伙伴打交道过程中，职业形象欠佳，极有可能错过良好的合作机会。

（3）职业形象会影响个人晋升机会。获得上司的认可是晋升的核心要素之一，如果在上司面前你的职业形象欠佳，业绩再好也难有出头之日。如果在同事同级层面上因为职业形象问题导致离群、被孤立、被排斥，那么就断了晋升的机会。

在职场中，职业形象是十分重要的，也是除了论你的工作实力和能力外最重要的一方面。在职场中，我们应该重视、管理及发挥自己的形象有以下几个方面要注意。

（1）个人仪容。个人主要是指我们工作时的发型、服装和配饰方面的形象。需要培养自己对个人仪容的注意、醒觉、选择、护理，以及个人管理的认知。首先说说发型，对于发型的要求很简单，不能过短也不能过长，不能做怪异的发型，最好不要染发。干净清爽的发型是最受欢迎的，既给人干练、成熟的感觉，又有亲和力。

然后是服装，要根据不同的企业文化，不同的工作环境及个人的爱好选择不同的服装，比如在职业环境场合要穿职场服装；约会要选择个人风格服装；参加社交活动选择隆重礼服；轻松、购物或娱乐活动选择休闲服；野外郊游、户外活动选择运动服；在家选择家居便服。并且要认识或添置合适工作或其他场合的颜色选择、用意，注意有些场合禁忌的颜色，比如葬礼时以黑白色调为主，不能穿着太过鲜艳的服装。还要结合自身的经济实力选择不同的品牌和价位的服装，不能打肿脸充胖子。

最后是配饰方面，根据不同的服装选择不同的配饰来搭配，为自己增光添彩。

（2）形体礼仪。形体礼仪主要是指站姿、坐姿、行姿。职场中的需要掌握“行得稳，站得正，坐得直”的形体礼仪，这点也讲究体能，所以平时要多加练习，才会日复日地做得自然而不觉辛苦。切忌在办公室打打闹闹，即使你的工作再出色，在形象方面也会大打折扣。

（3）内在修养。职场形象除了以上这些看得到的形象，还有内在看不到的形象，也就是我们所说的内在修养。古语说得好：腹有诗书气自华。内在修养的提炼是提高职业形象的最根本的源泉。

第七章 职场一员，你的能量超乎你想象

自己优秀，才能积累起由优秀者构成的人脉。而由优秀者构成的人脉，总是能为自己带来意想不到的支持与帮助。一个优秀的人必会积极、努力、坚强地向着自己的目标奋进，成就一个最好的自己。

1. 每天给自己一个笑脸

有成功人士这样说过：“如果长相不好，那么就尽量让自己有才气；若没有才气，那就总是保持微笑。”所以，微笑也是成功的招牌。微笑是个人魅力的体现，喜欢微笑的人总是招人喜爱的。

微笑有巨大的威力，是人与人之间的“润滑剂”。当与人发生矛盾时，在剑拔弩张的时刻便能够用甜甜的微笑化解对方的敌意，让关系变得融洽起来。微笑能够传递人与人之间最真诚美好的品质，同时也是一个人自信的展示。面对困难，给自己一个微笑，不仅能够让自己心灵放松，更能够鼓起勇气，走出困境。

微笑有着惊人的力量，微笑孕育着希望。对身处职场中的人来说，在工作中能够保持微笑将是人际关系的法宝。微笑能够让你和同事的关系更加亲近，微笑能够让你更加轻松地面对压力和复杂的工作。即便你的工作出了错，相信你的微笑也会让难题迎刃而解。微笑能够化解一切难题，为你减少不必要的麻烦。当你用微笑馈赠他人时，自然能够收获相同的回报，微笑会让你将事情顺利办成。

高丽打开门时，突然发现一个男人手持一把锋利的刀，正恶狠狠地盯着自己。“你是推销菜刀的吧？你可真会开玩笑呀！朋友，我喜欢，我决定买一把。”高丽眨动着她那忽闪忽闪的机灵的大眼睛，微笑着说。一边说着还一边让男人进屋，“我过去有一位好心的邻居长得很像你，我很高兴能够认识你，不知道你想喝咖啡还是茶……”高丽说道。凶神恶煞、一脸杀气的歹徒逐渐变得十分腼腆。“谢谢，谢谢！”他尴尬地说道。故事的最后，可爱的高丽买下了那把明晃晃的刀。男人接过钱，迟疑了片刻，最后他转身离去。在走到门口的时候，他回过头来对高丽说："小姐，你将改变我的一生！"

微笑，它就是如此的神奇，它能改变一个人的一生。它的力量，包含着一种丰富的内涵，这种内涵有着一种能够激发想象和启迪智慧的力量。

曾有一句处世格言："一个人的微笑价值百万美元。"这足以说明一张笑脸对人际交往、对个人事业来说有多么重要。中国也有句古话："人不会笑莫开店。"外国人说得更直接："微笑亲近财富，没有微笑，财富将远离你。"一位商人如此赞叹："微笑不用花钱，却价值连城。"由此可见，真诚的微笑往往能带来意想不到的结果。

位于法国巴黎的科尼克亚购物中心在装修开业前夕，经理却为售货员的工作制服没有确定而十分苦恼。他望着好几家服装公司送来的竞标样品，尽管都设计得简洁、美观而富有特色，但他总觉得缺少了点什么，只好向世界著名时装设计大师丹诺·布鲁尔征求意见。这位83岁的时装设计师听明白经理朋友的意思后，忠告说："其实员工穿什么衣服并不重要，只要他们面带微笑。"现在，科尼克亚已发展成巴黎最大的购物中心之一，并以销售法国纯正葡萄酒而享誉全世界。同时，它也是巴黎少有的几家没有统一的员工制服的购物中心，但是它的服务和微笑被公认是世界一流的。

"微笑，它不花费什么，但却创造了许多成果。它丰富了那些接受的人，而又不使给予的人变得贫瘠。他在一刹那间产生，却给人留下永恒的记忆。"

1919年1月，希尔顿的父亲因车祸去逝，他怀揣5000美元只身到得克萨斯州，1925年8月4日，"达拉斯希尔顿饭店"竣工，开始了"一流设施，一流微笑"的经营理念。希尔顿和员工同心协力坚持微笑，以微笑带动服务质量的提高。就这样，微笑成了希尔顿饭店的核心竞争力，所到之处，同行胆战，顾客满意。1947 年希尔顿饭店在纽约证券交易所上市。20 世纪 50 年代开始向海外发展，如今是享誉全球的跨国公司。

那么，我们应该怎样来发挥微笑的魔力，怎样恰当地来运用微笑这个极具杀伤力的武器呢？

（1）不需要特意装出微笑。微笑应该是发自内心的，因为你的笑容表达的意思就是：我喜欢你，我很高兴见到你，你让我开心。笑容使你显得大方热情、值得信赖，让人觉得和你在一起很愉快，你对他是尊重的。

（2）不要吝啬你的微笑。微笑是一种不花钱就能获得的魅力，所以，从现在开始，学会微笑，以微笑来面对你身边的人。每天出门的时候，请保持微笑，别忘了对你的家人说再见；遇上陌生人，请保持友善的微笑；请给帮助你的人一个衷心感激的微笑；请给那些不幸的人一个鼓励的微笑。

（3）时刻保持微笑。时常微笑，会让人觉得你是一个有修养的人。面对不同的场合、不同的情况，如果能用微笑来接纳对方，可以反映出你良好的修养和挚诚的胸怀。这种诚挚的感受会让你获得比自己想象中还要多得多的美好情感。

2. 认识自己，定位自己

人生成功不成功，关键取决于在什么样的位置上扮演什么样的角色。位置决定角色，角色决定价值。什么样的角色决定什么样的价值。成功的人生从正确的定位开始。找准自己的位置，是一门学问，更是一门艺术，它决定着我们的命运，影响着我们的前途。很多人之所以一无是处，就是没有根据自己的能力和特长找到合适自己的位置。其实每个人都有自己的特长，只要能找对、找准，都能成就自己的一番事业。试想一下，如果罗纳尔多和科比互换角色将会是怎样？或许他们仍然会有点小名气，但是，可以肯定的是，体坛将不会有足球明星罗纳尔多和篮球明星科比，而将多了两个无名小卒。

角色定位对于任何一个人在任何环境下而言，都是非常的重要。在职场中，每个人都要知道自己在企业中处于什么位置，什么事能做，什么事不能做，适合做什么。然而，绝大数的人却并没有认清自己的角色，还在“浑浑噩噩”地做着自己的工作，整天在不满和抱怨中度过，最后不得不结束自己的职业生涯。

“做真实的自己”是希腊大哲学家苏格拉底在两千多年前的一句名言。

只有真正了解自己的人，才能把工作做到最好，并且从工作的过程中体会快乐。也才能在竞争激烈的职场中获得属于自己的一席之地，享受成功带来的喜悦。大部分成功的人也总是在了解自己之后才找到目标，最终取得惊人的成就。

原一平是世界著名的推销员。有一天，他向一位老和尚推销保险。可是当老和尚听完以后，平静地说：“听完你的介绍之后，丝毫没有引起我投保的意愿。”

老和尚凝视原一平良久，接着说：“人与人之间，像这样相对而坐的时候，一定要具备一种强烈吸引对方的魅力，如果你做到这一点，将来就有前途可言了。”

原一平哑口无言，冷汗直流。

老和尚又说：“年轻人，先努力改造自己吧！”

“改造自己？”原一平疑惑地看着老和尚。

“是的，要改造自己首先必须认识自己，你知不知道自己是一个什么样的人呢?”

老和尚又说：“你在替别人考虑保险之前，必须先考虑自己，认识自己。”

“考虑自己？认识自己?”

“是的，赤裸裸地注视自己，毫无保留地彻底反省，然后才能认识自己。”

老和尚的这一席话，如醍醐灌顶，原一平终于明白了自己失败的原因所在。他从此努力认识自己，锤炼自己，终成一代推销大师。

只有反省自己是不是适合这份工作，就像原一平一样，彻底地反省自己、清楚地认识自己，才能在职业中不断完善自己，也才能像他一样最终成为一代大师。

所以说，认识自己是一个人获得或者做好一份工作的基础。只有在真正了解自己的前提下，才能发挥出自己最优秀、最具潜力的一面。

工作是一生都要面对的事情，并不是只要能赚钱就行了。一个人能否找到一份适合自己的工作是他以后能不能快乐，能不能在事业上有所成就的一个重要前提。

所以，了解自己的真实想法就变得尤为重要。那么，我们应该怎样了解自己进而找到适合自己又很有前途的工作呢?

（1）了解自己的价值观是不是和职业相符。很多大公司都重视员工的个人理念和公司的理念是否相符，只有理念相符才能让公司和员工达到最有利的契合点。其实这个很好理解，就像两个人要有共同话题或者是共同的目标才能一起走得更远。个人选择职业也是一样的，和自己有共同目标的公司自然能为自己提供更多的资源和平台，取得事业上的成功也就变得更加容易。

（2）了解自己的兴趣所在。一个人能否在从事的职业和工作上获得成功，与他对这种职业本身的兴趣大小有很大的关系。虽然兴趣并非事业成功的唯一条件或决定因素，但一个人对一种职业或工作完全不感兴趣，则很难在这一行有所建树。

（3）了解自己的性格。性格作为个性的核心部分，对个体择业有很重要的影响。有的人性格开朗，而且说话很有感染力，就适合做销售；有的人敢于冒险、勇于开拓，就适合做企业家；有的人不喜欢和人交际，能够专注做事，就适合做研究。了解自己的性格才能选好职业，做到职业和性格天衣无缝地结合才是最高境界。

（4）了解自己的职业能力。有的人天生在某方面就有很高的天赋，但是很多人不一定具有很突出的能力，这也不要紧，后天的培养可以战胜这些不足。最重要的是知道自己什么地方还不够好，千万不可以盲目自大。

一个人只有去从事与自己的特长相符合的工作时，才能实现资源的最佳配置。如果你不知道自己的特长在哪儿，不从自己的长处着眼定位，而是反其道而行之，从自己的短处出发，久而久之，你就难以摆脱“高智商低绩效”的命运了。

3. 学会欣赏他人的优点

刘英在一家国有企业工作，这家企业的人际关系比较复杂。她当时负责一个部门，下面有一位主管因能力不足被免职。此后，这位被免的主管对刘英所带团队极不满意，总想着要伺机报复。

一天，她捏造说，刘英和另外两名同事在一起诋毁公司上司。后来上司也不做调查，相信了她的一面之词。刘英和部门所有员工被叫到一起，上司让她们“说清楚”。刘英当时大吃一惊，这是根本没有的事。后来经过几人对质，谎言被揭穿，真相大白，全是那位被免主管一人捏造，从此以后，她在部门里被疏远了。

刘英经常看到她偷偷一个人跑到洗手间哭泣。后来刘英决定不计前嫌，帮她走出阴影。刘英经常有意无意地让她负责一个项目，而这个项目需要团队的合作，她必须成为团体中的一员，而刘英则首先支持她，然后去做别人的思想工作。她告诉大家，那位主管很不幸，有过离婚的经历，我们应多从她的角度去理解，学会欣赏她另外的一面。后来，刘英所做的一切终于帮那位被免主管重新找到了自己的价值所在，并且在工作中成为刘英得力的助手。

每一个人都是别人眼中的一道亮丽的风景线。古语云：“欲将取之，必先予之”。只有互相欣赏，社会才会和谐发展。那何为欣赏？要努力地寻找别人的长处、优点，从中学习值得自己学习的，同时，真心实意地使用恰当的语言表扬别人，这就是欣赏别人！欣赏别人是做人的修养。你欣赏别人，别人也会欣赏你。欣赏别人是敢于虚心学习别人长处、勇于克服自己的短处，是一种虚若怀谷的较高思想境界。但是常有这样的人：自己有了成就，有了荣誉，就欢呼雀跃，神采飞扬；别人有了成绩，有了进步，却视而不见，充耳不闻，甚至冷嘲热讽，嗤之以鼻。这正是所谓的物极必反！最终会孤立自己，失去朋友，退至黯淡、寂寞的后台，甚至还可能仇视社会，危害他人。欣赏别人，你会很满足，别人更会从你流露出的赞美的神情中体会到快乐、自信与坚强。欣赏源于宽容，源于大度，源于一颗包罗万象的真诚的心。

有一只羊和一只骆驼是好朋友，它们一个高，一个矮。有一天它们一起去公园里玩，说着说着就谈起高好还是矮好的问题。骆驼说：“当然是高好，你看，再高的树叶我也能够得着。”说完，它一抬头就吃了一口树叶，羊伸长脖子却怎么也够不到一片树叶。羊不服气，走到公园的一个栅栏门口，羊一拱身子就进去了，一边吃起里面的青草一边说："还是矮好吧，你看，这里的草多嫩啊！"骆驼爬下身子，使劲往里钻，也没能够吃到里面的青草。它们互相不服气，后来一起找到了老牛评理。老牛说："高有高的好处，矮有矮的好处，我们不能只看到自己的长处，看不到别人的优点。"羊和骆驼这才明白，尺有所短，寸有所长，发现别人的长处、优点，才能取长补短，做好事情。

这个道理可能大家都懂，但是有时我们仍会不经意地犯骆驼和羊的毛病，习惯于只看到自己的长处和别人的短处；喜欢拿自己的长处与别人比较，而对于别人的优点和成绩却不太服气。其实，金无足赤，人无完人。生活中不是缺少美，而是缺少发现。

学会欣赏别人，有助于自己逐渐走向完美。每人都各有所长，随时发现别人的进步，随时为别人的成绩而喝彩，这对于一个人的生存能力、合作能力、发展能力的提高，都具有重要意义。真诚地为别人取得的成绩、取得的进步、取得的荣誉喝彩，是一种胸襟，一种气度。"海纳百川，有容乃大"，只有不断开阔自己的胸襟，恢宏自己的气度，才能不断拥有成就事业的吸引力和凝聚力。正确地欣赏别人就会使平庸变得优秀，使自卑变得自强，使消沉变得进取，使自满变得谦逊。

懂得欣赏别人，实际上是在为自己铺路。善于欣赏别人的人，总会得到更多人的欣赏和帮助，更容易创造出一个更适合个性发展的宽松、和谐，又充满人情味的人际环境。听到有人说过："让对方感受到你的关注并不难，只要你真的把他放在心上，不经意间就会流露出来。其中，记住对方的名字，了解他的生活与工作情况，这很重要。"所以，只要真诚地去欣赏别人，摆在你面前的将是充满阳光的坦途。

懂得欣赏别人，是对他人的一种肯定、一种理解、一种尊重及鼓励。一位在商场上颇有成就的富翁在接受记者采访时说了一句话："开始时，我不知道我行，是别人说我行，于是我便努力，才发现我真的行。”不难看出，真诚地去肯定、赞美、欣赏一个人，有多么的重要！“优秀的人总是相互欣赏的。”苏格拉底常这样对学生说。

学会欣赏你周围的人，你周围的世界就会变得更加美丽。欣赏你的同事，你和同事之间会合作得更加亲密。欣赏你的下属，下属会工作得更加努力。欣赏你的爱人，你们的爱情会更加甜蜜。欣赏你的孩子，说不准他就是下一个卡耐基……就像诗中所说的，当你站在桥上看风景的时候，站在楼上看风景的人把你当作一道亮丽的风景去欣赏。这时你也成为了一道风景。

4. 宽容是合作的基础

小章储存在计算机上的设计方案被同事小李窃取了，这份设计对她来说很重要。小章在愤怒之后，开始冷静思考，这位同事为什么那样做，肯定有他的想法和苦衷的。她真诚地尝试着设身处地为小李想，他一直都是一位很讲信用的人，这一次，肯定是有原因的。于是，她理智地找到小李，态度温和地和他说话，证实确实事出有因，小章便原谅了他。后来小李对她心存感激，并对其他同事说：“以后小章要找我帮忙，我一定会全力以赴。”

没有完美的人，只有完美的团队。任何人都会犯错，对待同事的错误要以宽厚的心来包容，我们应该把同事当作朋友，纵使他们的言语尖刻而冷酷，纵使他们的某一过错让我们难过，我们都要原谅他们，因为同事是我们工作中的伙伴，是我们一起走向成功的伙伴。同事相处中，退一步将会迎来更大的友好空间，小章在得知同事窃取自己的劳动成果后，并没有大发雷霆，而是以和蔼的态度、宽容的心去关心同事的苦衷，两人的友谊更加牢固，工作氛围也更加融洽。在工作中，宽容的对待同事，一个团结、进取的团队才能更好地开展工作。

“有容，德乃大”、“君子以厚德载物”说的就是宽容的意思。“宽”是一种人文精神；“容”是一种人生境界。“宽容”是从以人为本的基础上升华的对他人、对异己的谅解、尊重与容纳。宽容是一种境界、一种修养、一种品质，也是一种美德。

宽容是一种生存的智慧、处世的哲学。宽容是看透了人生以后所获得的那份从容、自信和超然，有了这种智慧和哲学，就会面对人生从容不迫。宽容是一种非凡的气度，宽广的胸怀；是对人、对事的包容与接纳，有了这种气度和胸怀，就会海纳百川，包容万物。雨果曾这样感叹：“世界最宽广的是海洋，比海洋更宽广的是天空，而比天空更宽广的是人的胸怀。”古老的东方也世代传承着一句浅白的俗语：“宰相肚里能撑船”。由此可见，宽容超越了国家、语言、民族和文明的界限。人类之所以倾心包容，推广宽容，倡导宽容，是因为人的天性是狭隘的、自私的。而宽容则表现了一种广阔的襟怀与无私的风范，体现了人类所追求人性最美好的境界。

宽容是一种人格的修养、心灵的境界。宽容是“大肚能容，容天下难容之事”的涵养，是一个人卓识、心胸和人格力量的体现。有了这种修养和境界，就能在人生的道路上笑口常开。宽容是“世事沧桑心事定，胸中海岳梦中飞”的度量；是一种崇高的境界，高尚的品质。有了这种境界和品质，就会心旷神怡，海阔天空，就会变得豁达，变得坦荡。“冤家宜解不宜结”，学会化干戈为玉帛。在生活中不知道要遇到多少意想不到的事情，与人交往，难免会出现一些矛盾，产生一些疙瘩。这就需要我们学会宽容，与人为善。

宽容是一种无声的教诲、心灵的感化。宽容是对犯错者的一种无声的教育，是对敌人的一种无形的感化。蔺相如对廉颇的宽容，成就了“将相合”的佳话；鲍叔牙对管仲的宽容，成就了“九合诸侯，一匡天下”的壮举；李世民对魏徵的宽容，成就了“贞观之治”的盛世；而宋朝君主对士子学人的宽容，则迎来了继战国之后中国历史上第二次思想解放、文化繁荣的高潮。在生活中，人与人之间常常因误会造成了伤害，带来的是心灵的负累，真正的仁者会选择宽容。如果我们都能从自己做起，宽容地对待他人，定能获得许多意想不到的结果。帮别人开启一扇窗，也就是让自己看到更完整的天空。

宽容是一种文明的象征、进步的标志。宽容是一种文明，一种进步，是保持文明长久发展的活力和生命力。有了这种文明和进步，就会国泰民安。社会小至家庭，大至国家，要和谐共存，都离不开宽容。人们对事物的见解各不相同，如果缺少宽容，各执己见，见面只有争吵，哪里还能一起共事，创造和谐美好的生活呢?

5. 诚信做人

人要立于世上，靠的就是“诚信”二字。没有诚信，就等于没有朋友；没有诚信，就寸步难行。诚信于我们的重要性，可见一斑。有句话说：“假事做多了，难以成真。”《狼来了》中的牧童，因贪玩总说“狼来了！狼来了！”结果狼真的来时，村民却不来了。这样的玩笑在现实中也有不少。随着时间的流逝，潜移默化中，我们却渐渐丢失了那宝贵的诚信。

诚信，是一种态度。如果缺少了诚信，人们将不再信任彼此；如果缺少了诚信，世界将变得陌生。试想，一个没有诚信的社会，将会变成什么样子？如果我们每一个人都能做到诚信待人、不说假话、不做假事、不信假言，那么我们的社会、我们的民族、我们的国家就自然能刮起一股诚信之风。诚信，就如一弘清泉，洗涤掉那些隐藏在深处的污垢。

诚信是职场优秀员工必备的美德之一。诚信与否，往往会让一个人的处境发生翻天覆地的变化。诚实的人终究会得到人生的奖赏：而不诚实的人，等待他的将是失败和一无所获。

一名员工只有诚实守信，才能够赢得他人的信赖和敬重，让老板乐于接纳。一个没有诚信的人，在这个世界上肯定会寸步难行。在社会经济迅速发展的今天，诚信是一种无形资产。做到了诚信，就等于为人生添加了更多的色彩；做到了诚信，和你交往的人会多，你的朋友就会多，你的路也就更宽了，你也可以从中受益。

一个诚实正直的员工获得财富和晋升的速度可能不如弄虚作假、投机钻营的人那么快。那些人善于溜须拍马、阿谀奉承，短时间内可能获得很高的利润，但绝对不会长久。因为虚假的东西都经不起时间的考验，在他们多得到一份利益的同时，也丢失了最宝贵的品格。

做人要讲诚信，或许在有些人看来诚信不是多么大不了的事，但是，一旦人们发现你不讲诚信，那么在你看来非常小的小事就会成为天大的事情。你会被人们认为品德有问题，甚至品德极差。一旦你给人们留下了没有诚信、没有职业道德的坏印象，那么这种印象就很难改变，并将最终影响你的工作。

诚信能得到别人的尊重，让自身的人格得到升华，让自己更有魅力。一个讲诚信的人，不会去钻一些小空子，不会以损害别人的利益来获得自己的利益，他会坚守自己的本分，总是给别人谋福利。这样的人是高度自重的，一个高度自重的人，别人当然会尊重他；反之，一个以自己为中心、唯利是图的人是不会受到别人的尊重的。诚实守信是做人的原则，有了它，我们就会与众不同，我们的人格将会得到升华，我们会更加有魅力。诚实是金，黄金有价，诚信无价，诚信比黄金更贵重。

柯达是一个非常注重员工诚信的企业，所以在招聘时对员工的诚信度要求也很高。

一次，柯达业务部准备招聘几名营销员，要求应聘者如实地写出自己的优缺点。许多应聘者都怕自己的优点比别人少，被别人比下去，于是大多都夸夸其谈，甚至还有意夸大自己的优点，但在写缺点时，却又让人看不出自己写的是缺点。比如："我常常工作起来不注意身体"，"见了对公司不利的事就想管，因此经常得罪人"，"听不得别人对领导的不同意见"等，不一而足，这些人当然在第一轮的面试中就被淘汰掉了。

最让招聘者看重的是一位没有"优点"的求职者。他是这样评价自己的："我的表现一般，如果一定要写优点的话，应该还算勤奋好学；缺点就是本人没有市场营销经验，性格又有些固执，可能对工作不利。"招聘者认为，这位应聘者的诚实是难能可贵的，因此，他成了那次应聘的第一个成功者。

由此可见，柯达宁愿放弃知识和能力比较强的应聘者，也不会随便给一个不诚信的人一次机会。他认为，一个人除了有家庭责任感以外，对老板诚实、守信是最重要的；一个不具备诚信的人，在工作岗位上也会玩忽职守。这样的人，公司怎么能让他进来呢？

只有具有诚信品质的员工才具有稳定性，公司才能放心地对其进行培训；不诚信的人，再有能力也不可靠，因为他对企业的忠诚不能长久。因此，诚实守信，才能赢得人心，是踏上成功的第一步台阶。

一个诚实正直的员工获得的成功才是真正的成功，因为他永久地保持了自己的人格尊严和受人尊敬的品性，他的人格和良好的声誉就是得到老板重用和获得高薪的保证。唯有诚信，才能让你真正稳立职场，拥有晋升和发展的机会，取胜职场。

6. 学习+勤奋=成功

在我们的心里，每个人都希望自己能够比别人强，但是由于种种原因，我们总有不尽如人意的地方。想要一步登天是不可能的，不积跬步，无以至千里；不积小流，无以成江海。凡事都是日积月累的过程，因为欲速则不达。

对于每一个初入职场的年轻人来说，有进取心是一件好事，但切不可急于求成，只要能做到每天进步一点点，并长期坚持下去，那将会是很大的进步，也许到时候你都会惊异于自己的改变。

成功并没有什么诀窍，也没有特定的方式，但坚持是通向成功的要素，每天进步一点点，坚持下来，就不只是一点点了。只要每天进步一点点并坚持不懈，那么有一天你就会惊奇地发现，在不知不觉中，你已经在同事中脱颖而出，具备了承担更多责任的能力。

陈明毕业以后到一家公司去应聘，老板仔细看过他的简历后，说："你是毕业生中为数不多的有工作经验的，这点很好。现在公司还缺一名市场部经理，你觉得你能胜任吗？"原本是只来应聘普通职员的陈明有点受宠若惊，支支吾吾地不敢确定自己是否能胜任。老板见状，拍了拍的他的肩膀说："先试试吧，我相信你的能力。我会在最短的时间内告诉你该怎么做。"

陈明原本以为老板会告诉他基本的工作流程等，结果老板就说了一句话，那就是："每天进步一点点。"然后在陈明错愕的表情中走开了。以后的工作中，陈明就谨记住了老板的那句话。遇到解决不了的问题就向公司中的其他同事请教；老板开会的时候认真地做会议记录；每天下班他比别人晚下班两个小时；公司里的事情，他总是抢在别人前面完成。这样的状态他一直坚持，直到后来变成别人向他请教问题，他开会，别人做记录。

陈明的进步老板都看在眼里，后来他由一名对自己工作能力一点信心都没有的市场部经理，成长为一名工作起来游刃有余的市场总监。

在工作中，要像陈明一样每天多做一点，这样就意味着你比别人多学习了一些东西。当你只是从事报酬范围之内的工作时，你将无法从别人的工作中获得益处，也无法得到老板和同事的赞赏。如果你能像陈明一样在同事中具备了承担更多责任的能力，并拥有遥遥领先的业绩，那么升职加薪离你还会远吗？一个成功的人士，需要一步一个脚印，脚踏实地，从最低处做起，每天更上一层楼，才能为自己的发展打下坚实的基础。

无论是刚刚参加工作的年轻人，还是早已经步入职场多年的老前辈，都无一例外地想要寻找一条通向成功的捷径。有的人找到了，有的人在众里寻他千百度的时候，猛然回头，才发现成功和“勤”字是分不开的。

古人云：“天道酬勤。”就是在告诫人们，只有不断地努力，才能得到上天的眷顾。那些取得成就的人，他们也不过是一个普通人，翻开史册，你会发现每一个有所成就的人，他们的成功99%来自于自己的努力。

王羲之自幼酷爱书法，几十年来锲而不舍地刻苦练习，终于使他的书法艺术达到了超逸绝伦的高峰，被人们誉为“书圣”。

13岁那年，王羲之偶然发现他父亲藏有一本《说笔》的书法书，便偷来阅读。他父亲担心他年幼不能保密家传，答应待他长大之后再传授。没料到，王羲之竟跪下请求父亲允许他现在阅读，他父亲很受感动，终于答应了他的要求。

王羲之练习书法很刻苦，甚至连吃饭、走路都不放过机会练习，真是到了无时无刻不在练习的地步。没有纸笔，他就在身上画写，久而久之，衣服都被画破了。有时练习书法达到忘情的程度。一次，他练字竟忘了吃饭，家人把饭送到书房，他竟不假思索地用馍馍蘸着墨吃起来，还觉得很有味。当家人发现时，已是满嘴黑墨了。

王羲之常临池书写，就池洗砚，时间长了，池水尽墨，人称“墨池”。现在绍兴兰亭、浙江永嘉西谷山、庐山归宗寺等地都有水池被称为“墨池”。

没有人一出生就能具备被某种技能，王羲之也是如此。就如同我们在工作中，没有人从一开始就能把工作做得得心应手，但是做同样的工作，一段时间后，有的人就能做得很好，有的人还是原地踏步，原因就在于在适应工作的过程中你有没有努力、有没有学习。

想在工作中，跨入优秀者的行列，勤奋是必不可少的工具。因为勤奋是优秀员工做好事情、达成目标的根本。事实上，任何领域中的优秀人士之所以拥有强大的执行力，能高效地完成任务，就是因为他们勤奋，他们所付出的艰辛要比一般人多得多。如李嘉诚，当我们佩服他在事业上的建树时，也应该想到他为此付出了多少努力。

曾有记者问李嘉诚其成功的秘诀，李嘉诚没有直接回答他，而是讲了一则故事：

69岁的日本“推销之神”原一平在一次演讲会上，当有人问他推销的秘诀时，他当场脱掉鞋袜，将提问的记者请上台，说：“请您摸摸我的脚板。”

提问者摸了摸，十分惊讶地说：“您脚板上的老茧好厚呀！”

原一平说：“因为我走的路比别人多，跑得比别人勤。”

提问者略一沉思，顿然醒悟。

李嘉诚讲完故事后，微笑着说："我没有资格让你来摸我的脚板，但我可以告诉你，我脚底的老茧也很厚。"

李嘉诚的成功，就离不开他的勤奋。高尔基说："天才就是劳动。"是啊，成功就是一分天才，九十九分的血汗。任何事情都是一分耕耘一分收获，只有你付出了艰辛的劳动，才能收获丰硕的果实。

工作之中也是如此，那些在公司中成为佼佼者的人，无一不是加班时间比别人长、休息时间比别人短的人。一个每天看电视三个小时以上的人，肯定是月薪超不过两千的人，因为他把时间都浪费在自我放松上面了。一个进取的人，会把每一分每一秒都用在补充自己的业务知识上，让自己的业务水平高出别人一筹。

职场中，成就自己的事业，除了要有激情和雄心，还要付出比别人多几倍的努力。许多既不缺乏情商也不缺乏智商的人没能使自己的基业长青，这不是社会的责任，也不是环境所迫，更不是命运的捉弄，而是他缺少勤奋努力的习惯。

7. 调整职场心态

在职场中拼搏当然要有好的心态，其实关于心理的调整无论是刚进入职场的适应期，还是在自己的整个职业生涯中都会遇到这样或那样的问题，都需要心理的调整。调整好自己的心态，对自己的整个职业生涯都有很大的益处。那么如何调整职场心态呢？

（1）自我调整。法国作家雨果曾说过："思想可以使天堂变成地狱，也可以使地狱变成天堂。"你不能样样顺利，但可以事事尽心；你不能左右天气，但可以改变心情；你不能选择容貌，但可以展现笑容；

你不能预知明天，但你可以过好今天。你不能改变别人，你只能改变自己。所有这些的关键就是积极主动地调整自己的心态。

因此，遇到危机时我们要看到危机后面的转机；遇到压力时要看到压力后面的动力；遇到挫折时要看到挫折后面的成长，遇到成功时要看到成功后面的失败。总之，任何事情都有两个以上的选择，我们要做的是选择积极的应对心态。有专家研究，一个乐观系数高的人，在处理问题时，他就会比一般人多出20%的机会得到满意的结果。因此正向乐观的态度不仅会平息由环境压力而带来的紊乱情绪，也较能使问题导向积极正面的结果。

（2）精神超越。卡耐基说："我非常相信，这是获得心理平静的最大秘密——要有正确的价值观念。而我也相信，只要我们能定出一种个人的标准来——就是和我们的生活比起来，什么样的事情才值得的标准，我们的忧虑有50%可以立刻消除。"人为什么会产生痛苦、不安和犹豫、彷徨？归根结底是因为不清楚自己到底要什么，也就是说，自己没有清晰的价值观和人生定位。

所以，心态调整的第一步就是要彻底弄清自己的真正需要。我是一个什么样的人？我想做一个什么样的人？我的人生目标是什么？什么才是我的最爱？什么才是我最为珍贵的东西？什么才是我真正追求的东西？我如何定义成功、快乐和幸福？——这些问题问清楚了，给自己一个确定无疑的答案，给自己一个生活与工作的理由，每当遇到疑难问题就用这些标准去解释、去衡量，我们自然就会心安理得，自然就会找到生命的阳光和快乐的源泉。

（3）提升能力。既然压力和郁闷的来源是自身对事物的不熟悉、不确定感，或是对于目标的达成感到力不从心，或是担心自己被淘汰。那么，缓解压力和减少不安的最直接有效的方法，便是去了解、掌握状况，并且设法提升自身的能力。通过读书、读人、读事，通过自学、参加培训等途径，提升自己的职业能力和职业竞争力，一旦“会了”“熟了”“清楚了”，能力提高了，你的自信心自然会增强，成就感自然会增加，你的快乐与阳光指数自然会上升。

（4）理性反思。理性反思就是积极进行自我对话和反省。对于一个积极进取的人而言，面对压力和不良情绪时可以自问：“如果没做成又如何?”“如果真的像别人说的那样又如何?”“我真的是一个粗心的人吗?”“我真的是责任心不强吗?”等。这样的想法并非找借口，而是一种有效疏解压力的方式，并且，在不断的自我追问中，我们会找到问题的真正症结所在。

同时，养成记心情日记也是一种简单有效的理性反思方法。它可以帮助你确定是什么刺激引起了压力和心情不好，通过检查你的日记，你可以发现你是怎么应对压力的，结果怎么样，又该如何应对外界环境对自己的影响，如何塑造自己阳光的心情。

（5）建立平衡。首先，我们的人生目标体系不能太单一，也不应该单一。我们不能一辈子沽着只为了工作、事业、金钱、权力、名誉，我们还有比这些更重要的东西，比如健康、家庭、孩子、兴趣、学习、朋友、服务他人、精神愉悦等。我们不能成为世俗成功标准的奴隶。其次，我们要主动管理自己的情绪，注重业余生活，不要把工作上的压力和不良的情绪带回家。最后，留出休息的空间，与他人共享时光，交谈、倾诉、阅读、冥想、听音乐、处理家务、参与体力劳动都是获得内心安宁的绝好方式，选择适宜的运动，锻炼忍耐力、灵敏度或体力……持之以恒地交替应用你喜爱的方式并建立理性的习惯，逐渐体会它对你的身心大有裨益。

（6）管理时间。现代职场人士时间总是不够用，原因在于没有很好地养成管理时间的习惯。而且误认为忙就是效率，甚至以“工作狂”为荣。时间管理的关键是不要让外界的安排左右你，你要自己安排自己的事。在进行时间安排时，应权衡各种事情的优先顺序，要学会“弹钢琴”。对工作要有前瞻能力，把重要但不一定紧急的事放到首位，比如做计划、学习、锻炼身体、授权等，管理工作，防患于未然。如果总是在忙于救火，那将使我们的工作永远处于被动之中，也不会有阳光快乐的心情。

（7）加强沟通。平时要积极改善人际关系，特别是要加强与上级、同事及下属的沟通，注意与配偶、孩子、父母的情感交流。在压力过大或情绪不佳时，要坦诚地寻求上级、同事、朋友或家人的协助，不要试图一个人就把所有压力与痛苦都承担下来。要筹建自己心情的蓄水池和支持系统，成功时有人分享，挫折时有人倾诉。

（8）保持健康。健康的身心是我们塑造阳光心态的基础。学会肌肉放松、深呼吸，加强锻炼，充足的睡眠，保持饮食的营养等，这些都应该纳入我们平时工作与生活的计划之中。通过保持健康，可以增加精力和耐力，帮助你抵抗压力与消极情绪的侵袭。

（9）把握今天。压力与消极情绪的产生都有一个相同的特质，就是突出表现在对明天和将来的焦虑和担心。而要应对压力，减少消极不安的情绪，我们首先要做的事情不是去观望遥远的将来，而是去做手边的事，因为为明日作好准备的最佳办法就是集中你所有的智慧、热忱，把今天的工作做得尽善尽美。

哲人说：“你的心态就是你真正的主人。”一位伟人说：“要么你去驾驭生命，要么是生命驾驭你。你的心态决定谁是坐骑，谁是骑士。”一位艺术家说：“你不能延长生命的长度，但你可以扩展它的宽度；你不能改变天气，但你可以左右自己的心情；你不可以控制环境，但你可以调整自己的心态。”这些话虽然简单却经典、精辟，一个人有什么样的精神状态就会产生什么样的生活现实，这是毋庸置疑的。就像做生意，你投入的本钱越大，将来获得的利润也就越多。

一个好的心态，可以使你乐观豁达；一个好的心态，可以使你战胜面临的苦难；一个好的心态，可以使你淡泊名利。人类几千年的文明史告诉我们，积极的心态能帮助我们获取健康、幸福和财富。

8. 学会管理时间

关于时间是什么，每一个人的想法肯定不一致。时间可长可短，自盘古开天辟地，人类何止经过了万年；可是对于每个人来说，时间又如白驹过隙，数十年弹指一挥间。时间是既快又慢的，有的人总觉得时间匆匆而过，事情一件接一件地压过来，迫使他不得不仔细分配时间；而对于那些“有闲人士”来说，时间如流水般哗哗流过，也不见他们有一丝丝懊恼。所以说，在你工作繁忙之时，时间便显得来去匆匆；在你无所事事之时，时间又会慢慢悠悠不肯挪动脚步。

小蒋从来没有做工作日志的习惯。工作上的事情总是一件做完了接着做另一件，整日里忙忙碌碌。公司经理也要求他们只要一直在忙工作就行，从来没有人思考过如何提高工作效率。这样的状况持续了很久，直到不久前他所在的公司新来了一位老总，才打破了这种局面。新来的老总提出提高工作效率的问题。他要求大家把自己在工作中做的所有事情都记录下来，记录在一个被他称作“活动跟踪表”的表格中。

在做完一天的工作之后，小蒋重新阅读了一遍活动跟踪表，结果令他大吃一惊。分析了一天的活动之后，小蒋发现自己做有意义的事情的时间很少，许多时间被无谓地浪费了，在实际的工作中做了许多无效的工作。这使小蒋认识到应该采用新的管理方式来提高自己的时间利用效率。

会不会利用时间，不是单纯地看工作时间内是否工作满满当当。有些人集中精力干完工作还有闲暇时间，有些人永远在工作却总嫌时间不够。不是说一个人越忙越好，他的工作精神固然是好的，但他管理时间的能力可能存在问题。会不会管理时间，关键在于会不会制订完善的、合理的工作计划。合理利用和统筹安排时间，的确可能让你的时间延长。

（1）锻炼自己应用“四项法”。一是重要紧急；二是重要不紧急；三是紧急不重要；四是不重要不紧急。大家都明白肯定是先做重要紧急的。

（2）做事之前弄清楚领导的想法和目标结果，同时问一下交作业的时间，节约工作时间成本，不要长时间地做一个没有思想只有执行力的员工。

（3）要有明确的目标。首先明确每个人的目标！现在还是请你拿出纸和笔，在这张纸上，写出你明确的目标。如果你没有明确的目标，那时间是无法管理的。时间管理的目的，是让你在更短的时间达成更多你想要达成的目标。我们都知道成功等于目标，所以你愈能够把目标明确地设立好，你的个人时间管理就会愈好。

（4）必须要有一张“个人清单”。也就是你必须要把今年所要做的每一件事情都列出来。现在就把你要完成的每一件目标列出来，不光是主要的目标，还有一些小的目标要达成，也要把它列出来。当你有“个人清单”之后，下一个你要做的是把目标切割。譬如为了达成今年的每一个目标，我上半年必须完成哪些事情？下一步就是把它切割成季目标。我这一季需要做哪些事情，全部列出来，如此再推出每一个月需要做哪些事情。

（5）手头工作尽量往前赶。可以说计划没有变化快。如果手头上有计划之内的工作，恰好还有时间去做，那就立刻去做，不要有“反正还有时间，明天做吧”的想法。因为谁也不知道明天会不会有突发紧急的工作。

（6）你一定要跟顶尖的人士学习。每一个成功人士都是跟之前成功的人士学习，这几乎没有什么例外。你跟什么人接触，你的想法就会跟他接近，所以千万要仔细选择你所接触的对象，因为这会节省你很多时间。

一个人要想取得成就，也许方法有很多，但都必须做好时间规划。浏阳河餐饮集团董事长姚经健曾说：“每一个员工的工作时间，不仅是员工最有价值的资产，也是公司最有价值的资产，提升员工的时间管理效率，就会成倍地提升公司的运营效率。”任何一家企业，想优化内部管理，加强对员工时间管理意识的培养都是一个绕不过去的弯。而任何一个员工想要让自己变得优秀，其自身成长和工作能力的提升也都同样离不开时间管理。

所以，我们要学会优化自己的时间。优化时间就像是一场战争，谁对时间掌控得得法、利用得充分，谁就能在有限的时间内创造更大的价值，谁就将赢得这场战争的胜利。事业上的成功离不开高效的时间管理。高效的时间管理可以让企业提高工作效率，减少管理成本，在规定时间内完成超额的任务。高效的时间管理可以让自己掌握正确的时间管理技巧，合理利用时间，就是要在工作中将最有效率的时间，用在可以获得最大回报的事情上，这样才能达到事半功倍的效果。

第八章 相信自己，你也可以的

很多成功者的真正才能就是在于他们审时度势之后付诸行动的速度。“现在就干，马上行动”这才是他们出类拔萃、真正成功的秘诀。

1. 有了想法就要行动

有一句话说：上帝总把机会留给有准备的人。所以我们凡事都要做充分的准备，准备好了再开始。因此，如果要去拜访客户，就要事先了解清楚客户企业的情况，包括客户企业的发展历史、战略规划、产品线、营销策略、目前急需解决的问题，甚至包括客户的个人喜好等，以便准确把握客户的需求点，并想好过程中可能发生的各种情况，客户可能说的每一句话以及应对方案；如果要做一个新产品，也要事先做完善的市场调研，了解客户群体的详细情况如年龄层次、男女比例、生活习惯、购买动机等因素，以及他们对新产品的接受程度，对新产品外观的期望，愿意为新产品付多少费用等信息，了解清楚以后再着手开始做。由此可见，万事俱备可以降低做事情的出错率。

也许我们都曾有过这样的经历：有很多好的想法和计划，却由于犹豫、谨慎和裹足不前，让它们只能停留在梦想阶段。等我准备好了再打电话给客户，等我准备好了再做研发，等我准备好了再……梦想是可贵的，但如果不付诸实践，那只能是无价值的幻想。准备和计划也是可贵的，但如果不付诸行动，那也只能是纸上谈兵。

遗憾的是，很多人总是先有积极的想法，然后头脑中就会冒出“我是不是应该先……”这样的想法，如此一来，你的一只腿就陷入了“万事俱备”的泥潭。一旦陷入，你将顾虑重重，不知所措，无法定夺何时开始，时间一分一秒地浪费了，你陷入失望的情绪里，最终只有以懊悔面对仍悬而未决的工作。

1973 年，英国利物浦市一个叫科莱特青年考入了美国哈佛大学，常和他坐在一起听课的，是一位18岁的美国小伙子。大学二年级那年，这位小伙子和科莱特商议，一起退学，去开发32BIT财务软件，因为新编教科书中，已解决了进位制路径转换问题。当时，科莱特感觉到非常惊诧，因为他来这儿是求学的，不是来闹着玩的。再说对BIT系统，墨尔斯博士才教了点皮毛，要开发BIT财务软件，不学完大学的全部课程是不可能的。他委婉地拒绝了那位小伙子的邀请。五年后，科莱特成为哈佛大学计算机系BIT方面的博士研究生，那位退学的小伙子也在这一年，进入美国《福布斯》杂志亿万富豪排行榜。1992年，科莱特拿到博士学位；那位美国小伙子的个人资产，在这一年则仅次于华尔街大亨巴菲特，达到65亿美元，成为美国第二富豪。1995年科莱特认为自己已具备了足够的学识可以研究和开发32BIT财务软件了，而那位小伙子则已绕过BIT系统，开发出EIP财务软件，它比BIT快1500倍，并且在两周内占领了全球市场，这一年他成为世界首富。一个代表着成功和财富的名字——比尔·盖茨也随之传遍全球的每一个角落。

在这个世界上，许多人认为，只有具备了某一领域精深的专业知识才能开始做这方面的事情。然而，世界创新史表明：先有精深的专业知识才从事发明创造的人并不多，不少成就一番事业的人，都是在知识不多时，就直接对准了目标，然后在创造过程中，根据需要补充知识。比尔·盖茨哈佛没毕业就去创业了，假如等到他学完所有知识再去办微软，他还会成为世界首富吗?

其实，行动与充分的准备可视为成功必备的两个条件。太多的准备却迟迟不行动，最后只会徒然浪费时间，陷入不断的计划、演练的圈套中。等待“万事俱备”会让你不能迅速、准确、及时地解决问题，从而毁掉你成长发展的契机。

因此，为了避免“万事俱备以后才行动”所带来的损失和遗憾，我们可以从以下三点做起：

（1）事先预料种种困难，做好心理准备。每一个冒险都会伴随着许多风险、困难与变化。有句话说：“计划没有变化快。”无论你考虑得多么周详，仍然不可能准确预测最后的解决方案，仍然可能发生意外。所以，先做起来再说。

（2）勇敢地面对困难。任何人都不能在行动前就解决所有的问题，聪明的人总是在行动的过程中不断修改解决方案，遇到麻烦他们会自觉地积极地想办法处理。行动本身会增强信心，不行动只会带来恐惧。

（3）现在就行动。你若希望自己在别人眼中的形象是“积极的”，就赶快鞭策自己摆脱“万事俱备”的桎梏，马上行动。或许在刚开始的时候，要做到“马上行动”还不太容易，但当你养成“马上行动”的工作习惯时，你就掌握了成功的秘诀。

2. 积极的心态是职场最核心的竞争力

未来学家弗里德曼在《世界是平的》一书中预言：“21 世纪的核心竞争力是态度。”他的这番言论告诉我们，积极的心态已经成为比黄金还要珍贵的最稀缺的资源，它是个人决胜于未来最为根本的心理资本，是纵横职场最核心的竞争力。

企业在市场上的竞争表面上看是品牌、产品、价格、服务的竞争，实质上却是企业所有员工的品质和心态的竞争；职场上的竞争表面上看是能力、职位、业绩、关系的竞争，实质上却是员工职业心态和人生态度的竞争。

很多现代管理者越来越重视人才的心态素养。某跨国公司人力资源部总监认为："许多人都很有能力，但并不是所有有能力的人都能进入我们公司。因为，除了能力，我们更看重一个人的工作态度如何，是不是拥有积极的心态，遇事能否主动想办法解决，而不是老说一些没用的话，动不动就这也不行那也不行。这种人不适合我们公司!"

某公司的一位员工虽然已经工作了近十年，但他总是抱着"我只是被雇来的，做多做少一个样"的心态来工作，工作上也从来没有什么出色的业绩，因此，十年来他的薪水从不见涨。

有一天，他终于忍不住向老板大诉苦水。老板对他说："你虽然在公司待了近十年，但你的工作经验却和只工作了一年的员工差不多，能力也只是新手的水平。"

这位员工在他最宝贵的十年青春中，除了仅仅得到十年的薪水外，一无所获，这是一件多么遗憾的事情！由此看出，有一个良好的心态对于我们的工作甚至职业前景是多么的重要。

在工作中，如果时刻保持一种积极向上的心态，保持一种主动学习的精神，我们每个人都可以做得更好。如果我们不懂得珍惜自己的工作，从而懒惰怠慢、不求进取，那么，我们注定在工作上会和那位"十年新手员工"有着相同的命运。

怎样培养自己在职场的积极心态呢？必须从以下几个方面做起。

(1) 言行举止像你希望成为的人。许多人总是等到自己有了一种积极的感受再去付诸行动，这些人在本末倒置。积极行动会激发积极思维，而积极思维会产生积极的人生心态。心态是紧跟行动的，如果一个人从一种消极的心态开始，等待着感觉把自己带向行动，那他就永远成不了他想做的积极心态者。

(2) 要心怀必胜、积极的想法。美国亿万富翁、工业家卡耐基说过："一个对自己的内心有完全支配能力的人，对他自己有权获得的任何其他东西也会有支配能力。"当我们开始运用积极的心态并把自己看成成功者时，我们就开始成功了。

（3）用美好的感觉、信心与目标去影响别人。随着你的行动与心态日渐积极，你就会慢慢获得一种美满人生的感觉，信心日增，人生中的目标感也越来越强烈。紧接着，别人会被你吸引，因为人们总是喜欢跟积极乐观者在一起。运用别人的这种积极响应来发展积极的关系，同时帮助别人获得这种积极态度。

（4）使你遇到的每一个人都感到自己很重要、被需要。每个人都有一种欲望，即感觉到自己的重要性，以及别人对他的需要与感激。这是我们普通人的自我意识的核心。如果你能满足别人心中的这一欲望，他们就会对自己，也对你抱积极的态度。一种你好我好大家好的局面就将形成。

3. 不断学习，提升自己

刘泰大学毕业参加工作五年了，自己工作兢兢业业，同事之间也十分融洽，领导对他也多次表示满意。但在这个高科技公司里，学历却起着至关重要的杠杆作用。眼看着比他来的还晚得一些新毕业的研究生、博士逐渐进入了领导岗位，他对自己产生了怀疑：学历就那么重要吗？很多卓有成就的人还是专科毕业呢？为什么我各方面都很优秀，却一直得不到升迁呢？

现代职场首先应该具备学习能力，因为它是提升业绩的制高点，没有这个支撑，职场生涯犹如无源之水，会逐渐干涸。我们也看到很多企业高管年薪几十万元甚至几百万元，要想和他们一样，我们所需的最基本的是学习能力，其次才是情商和管理能力，没有了丰富全面的知识和专业的技能，一切都是海市蜃楼。

在这个飞速发展的时代，要想保持知识不被社会淘汰，那唯一的途径就是保持旺盛的学习能力，因为这是实现成功的源泉。

美国职业专家调查强调，现代职业半衰期越来越短，就业竞争加剧，证书层次高移等都将导致学历和知识的折旧。统计数据指出，25岁以下从业人员的平均职业更新周期为一年零四个月。

这不是危言耸听，高薪者如果不注意给自己的身价保鲜，无须五年就会被淘汰至低薪行列。因此，每一个职场人士都必须时刻注意经营自己的身价，而经营身价最有效的方法就是不间断地学习。

这是一个后学习时代，工作中的后续学习将被用来证明你比别人更优秀。大卫·科特莱尔的著作《周一清晨的领导课》2003年在亚马逊网站领导类图书中销量第一，作者意味深长地告诉读者，想要出人头地、追求进步、发挥潜力，就要不断学习。比尔·盖茨在《美国软件报道》杂志中说道："财富是什么，就是在不断学习中得到自我改变和肯定，然后迈向成功。"职场新人们首先应该掌握的技能是：学会学习。

学习的方法有许多，阅读书籍，模仿成功人士，沟通交流，在实践的过程中总结经验等。并没有哪一种方法是最好的。往往人们在生活当中无意识地学习着，耳濡目染之间增长了知识、提升了心智，这是自然而然渐进式的学习。随着时间的推移，相信你必将惊叹于自己的成长速度。

今日的努力，明天的成功，全力以赴的人永远走在大多数人前面。不付出就梦想回报，那成功的概率和中千万彩票一样，是虚无缥缈的。书痴者文必工，艺痴者技必长，术业有专攻说的就是这个道理。

在当今知识爆炸的时代，与之相伴的是知识老化速度日益加快。即使是刚入学的大学生，入学时学的是最新的知识，待到毕业时，已有 90%的显得陈旧了。所以，终身学习成了新时代的生存概念。在这个高速变化的时代，你唯一的选择就是变化得更快。要变化得更快，必须学习得更快。彼得·圣吉称：“未来唯一持久的优势，是有能力比你的竞争对手学习得更快。”

4. 职场人脉也很重要

在猎头圈内，有一句流行语：“一个人能否成功，不在于你知道什么，而是在于你认识谁。”在当今社会，有“30 岁以前赚钱靠技术，30 岁以后赚钱靠人脉”一说，可见人脉的重要。有调查说：一个人赚的钱，12.5%来自知识，87.5%来自关系。初听起来，很让人不可置信，但看看以下职场案例，你就会了解职场人脉竞争力扮演着多么重要的角色。

中国台湾地区凌航科技董事长许仁旭，是靠人脉竞争力来打天下的典型案例。他曾说：“如果不是因为朋友的介绍，凭我‘中山大学’的学历，根本不可能进台积电或任何一家科技公司；如果不是因为我在台积电工作时跟凌阳董事长黄洲杰建立了深厚的感情，我现在也不会成为凌阳集团投资业务的重要顾问。”

另一个将人脉竞争力发挥到极致的则是证券投资界的杨耀宇。他曾是统一投顾副总，在退出职场之前，担任了 5 家电子公司的董事职务。他认为：有时候，一通电话抵得上 10 份研究报告。他说：“我的人脉网络遍及各个领域，成千上万条。”

卡耐基训练大中华区负责人黑幼龙就认为：“人脉是一个人通往财富、成功的入场券。”

每个人都渴望发展、渴望得到他人的帮助、渴望得到组织提拔晋升、渴望自己有个幸福的生活。为什么会出现事与愿违的情况呢？其原因在于不懂人情世故，不懂人际关系的重要性。所以，如何获得发展、获得他人帮助、获得提拔晋升、获得幸福生活是摆在我们面前的难题。要攻克这难题必须从重视人情世故、人际关系开始。

能够建立良好人际关系的人总是左右逢源，事业也是蒸蒸日上；不懂得人际关系的人，处处碰壁并且感觉工作压力非常大。特别是在需要团队合作的职场中，每个人的知识结构不是完善的，我们需要大家共同协作。如果你不善于沟通、交往，你会变得与这个团体格格不入，这不但不利于提升自己的业绩、不利于升职加薪，甚至会影响到你的职业生涯，所以在职场建立良好的人际关系是你在职场生存的第一法则。那么如何建立自己的职场人脉呢？

（1）做事积极。不管是你的同事还是你的领导，无不例外地希望自己的同事是一个能做事并且肯做事的人，这本身就是你应该具有的特征，是你在这个团队中立足的基础。你自己职责范围内的事情都不认真去做，整天靠嘴皮子混世，别人会看不起你，早晚你会被淘汰。所以你要给别人一个好印象，特别是刚到某个公司去做事的时候，一定要表现积极，做事认真。争取在第一时间给大家一个良好的印象，要知道第一印象非常重要。

（2）态度低调。不管你的业务能力有多牛，你多有优越感。你都不要表现出来，更不能借此伤害你的同事。事实上如果你真的很牛，你就应该更低调，有一句话说得非常好“最牛的行为就是低调”，不论做什么事情，都不要表现得你比别人强，每个人都有自尊心不能轻易伤害。别人受到伤害就会疏远你、憎恨你，这对你一点好处都没有。所以态度一定要低调些，大家都喜欢和一个态度谦虚又满腹经纶的人打交道。

（3）学会倾听。倾听是一种美德，是具有涵养的表现。因为几乎每个人都喜欢别人认真地听自己说话，这是对他的尊重。倾听在交往中具有非常重要的作用，学会倾听你将更容易交到朋友。这里需要注意的是，倾听的时候最好和对方形成互动，眼睛看着对方，不要做出不耐烦或者三心二意的表现。

（4）适当赞扬。这一招就更重要了，在交往中你需要在恰当的时候给对方一些真诚的赞扬，这不仅能够让对方觉得自己受到别人的肯定，增加了自信心。更重要的是他会立刻把你当作朋友对待，以后你会从他那里得到很多帮助。试想一下，如果由于你与对方观点不同就发表不同看法，甚至是反驳，你们很可能成为敌对的双方，这不便于以后交往和工作，不赞同可以保持中立，求同存异是最好的解决办法。

（5）乐于助人。尽自己所能，在别人需要帮助的时候一定要慷慨相助，救别人于危难。这是非常具有价值的。每个人都有不足的地方，如果你能用自己的优势来帮助别人，别人肯定会感恩，并且在你需要帮助的时候帮助你，你的人缘也会越来越好。

抱着努力为他人付出、不求回报的心态去经营人心，结交朋友，你想要的都会在不经意之间悄然而至。投资于人际关系，与更多的人建立更多的关系，帮助更多的人得到他们想要的。那么用不了多久你的付出就会得到加倍的回报。

5. 保持工作的高效率

追求效率是职场对一个优秀员工的基本要求。在市场经济的新时代，做任何事情都应该有好的结果。不仅要做事，更要做成事。光像“老黄牛”那样低头做事是不够的，还得插上效率和效益的翅膀。要保持工作的高效率，就要追求“轻功”的最高境界。我们可以向汽车大王福特学习一下。

福特认为工作一定要有更好的结果，工作一定要有更高的效率！福特是一个追求效率的天才，曾经对人们浪费时间的各种恶习，进行了总结，并严加抨击。

打太多的电话。

拜访太多的朋友，而且每次待得时间太久。

花太多的时间处理细枝末节，结果反而忽略了大事。

所读的东西没有提供任何信息，也没有提供任何的启发。

花在玩乐上的时间太多，而且次数也过多。

与对自己没有任何启发的人在一起的时间太多。

上班的时候应该专心做好事先规划好的工作，但事实上，许多人都把时间用来做白日梦。

……

在总结这些之后，福特痛心地说：“人们每天花在处理这样一些没有必要处理的事情上的时间是这样惊人。除非我们把自己从这些事情中解放出来，否则我们无法成为一个有成果的现代人！”

高效工作就应该珍惜工作中的每一分钟，因为只有善用时间，才会有高效率。所以，我们应该要关注的，不是怎样混日子，而是怎样把今天的分分秒秒过好。所有成功人士，都有珍惜每一分钟的习惯。无数大银行、大公司的经理以及高级职员，都养成了这种善用时间的习惯。那些实力雄厚、目光远大、判断准确、刻苦耐劳的社会精英，也都是沉默寡言而办事迅速敏捷的人，他们从不在工作上多耗费一点一滴的宝贵时间。

在工作中善用时间，才有效率。每天的 1440 分钟如何科学地支配，使它发挥更大的效益，的确值得我们好好动一番脑筋。人的生命是有限的，因而时间就显得愈发珍贵，我们不能绝对地延长寿命，但通过善用时间，却可以相对地将生命延长。这样就等于增加了生活的“密度”，扩充了有限生命的内涵。以下是六种时间管理的方式。

(1) 完成简单的任务。记得完成简单的任务，比如读便笺，绝对不要在简单的任务之间切换。“大脑一次最多可以保存七条信息，”卡耐基梅隆大学的心理学家大卫·克雷斯韦尔讲道，“如果你转而去做其他，这些已有信息被扰乱，就需要重新获取了。这纯属浪费时间。”

(2) 分解复杂的任务。复杂任务和简单任务不同，分解后，你可以更快速有效地完成。克雷斯韦尔发现当人们花两分钟时间的中断时间去做完全不同的事情时，可以更高效地完成挑战性的工作。“当你转移注意力时，大脑在不知不觉地处理信息，而且这样的效果更好，”克雷斯韦尔讲道，“越不同越好”。

(3) 培养意志力。意志力是高效的关键——就如你身体的肌肉一样，锻炼越多，越能提升。弗罗里达州立大学的心理学家罗伊·鲍迈斯特发现，让人们做简单的意志力练习——比如用不惯用的手去开门或者刷牙——能让他们在做重要任务时加强注意力。

(4) 限制网上搜索。有多少次，你在网上搜寻答案，最终却发现自己被湮没在超链接的森林里，风卷残云般略过各种说法，从“百度”

跳到“人人网”，再跳去邮箱。研究显示，在网上搜寻答案时，事实上只有一两个网站就可以提供解答，而人们往往会去浏览很多网站。在工作中，限制自己的搜寻在需要范围内。

(5) 安排日程表，而不是待办清单。待办清单缺乏效率，因为不是很有效。研究表明一天结束的时候，人们最难的任务往往还没做。而日程表能够标出时间版块，能让你更有条理，同时帮你给各项任务设置了具体的截止时间。记得留出空白时间给无可避免的危机和干扰，以及可能需要延长工作时间的任务。

(6) 前一天做好准备。好的睡眠固然重要，然而睡前时间是为第二天整理思绪的理想时段——不仅仅因为这样做可以减轻明天的工作任务。对入睡后人们的大脑扫描显示：在我们没醒着的时候，大脑在自行解决问题，因此睡前小小地回顾一下工作可以帮助大脑留下印象，知道在睡眠阶段应该解决什么问题。但是避免在睡前去想压力很大的项目，这样做可能会让你辗转忧虑。而且，睡前一小时不要对着屏幕做事。研究显示屏幕辐射出的蓝光会让睡眠断断续续。

6. 做事贵在坚持

有一次，古希腊著名的哲学家苏格拉底对他的学生们说：“今天我们学习一件相当简单也是相当难做的事。”

“那是什么事呢?”学生们莫名其妙。

“每个人把胳膊尽量往前甩，然后再尽量往后甩。”苏格拉底回答道，“从今天开始，大家每天做 300 次，谁能做到?”

同学们都笑了，这有什么难?

一个月后，苏格拉底问他的学生："谁做到了？"90％的同学都举起了手。

又过了一个月，苏格拉底又向他的学生了解情况。这次只有80％的同学举起了手。

此后，每过一个月，每次举手的人都逐渐递减。

一年后，苏格拉底又问他的学生："现在还有谁在坚持那个最简单的动作呢？"这次举手的只有几个学生。

这是一个很简单的小故事，但是在这个小故事中蕴含的人生哲理却是深刻的。这个故事告诉我们：做什么事都贵在坚持。就如"世上无难事，只怕有心人"一样，只要坚持，再难的事情也能做到；不能坚持，即使是最简单的事，就如故事中的甩手一样，真正做到的也只有一小部分人而已。

要想办成一件事情，切忌半途而废，否则，就永远成不了大事。办事最忌半途而废，半途而废的人永远也不会成功。

古时候有个叫乐羊子的人，他告别妻子到外地求学，但学习的艰辛、异乡生活的清苦，使他感到很难熬。他在书塾待了一年后终于决定弃学返乡。当乐羊子进门时，妻子露出惊喜而略带诧异的表情，当她看到乐羊子那沉甸甸的行装，脸上的笑容消失了，她似乎猜到什么。妻子没说什么，只是拿出一把剪刀，走到织布机边，"咔嚓"一声，便将织布机上织着的一匹布剪断了。乐羊子大叫起来，真是太可惜了！这是一块图案精美的花布，只差一点就要完工了。"这本是一块快要完工的布，但我剪断了它，它便成了一块废布。"妻子说，"求学的道理也是一样，若能坚持到底，付出艰苦的努力，就能成为一个有用的人，但若不能坚持，只管停下来放弃攻读，就会前功尽弃，如同这块废布一般，成为一个毫无用处的人。"乐羊子低头不语，他感到非常羞愧，若不坚持，自己只会虚度光阴，成为一个无用之人。想到此，乐羊子便打起行装，回到书塾完成了学业。

乐羊子的妻子教会了他做事最大的禁忌——做事切忌半途而废。真正想成大事的人，永远要明白这个道理。

“锲而不舍，金石可镂；锲而舍之，朽木不折。”这句名言告诉我们做人的关键在于要有恒心、目标专一、持之以恒。一个人如果想要有点成就的话，就必须要有恒心，持之以恒，不能半途而废。伏尔泰曾经说过：“要在这个世界上获得成功，就必须坚持到底，剑至死都不能离手。”任何人成功之前，都会遇到许多的失意，甚至是多次的失败。如果你放弃了，你就放弃了一个成功的机会，因为轰轰烈烈的成功之前的失败，往往离成功只有一步之遥。自古以来，那些所谓的英雄，并不比普通人更有运气，只是比普通人更有坚持到最后的勇气罢了。

于娜的跳槽频率之高真是令人吃惊。大学毕业到现在有三年，她已经跳了六次槽，在每家公司工作的平均时间不超过半年。她之所以那么频繁地跳槽，是因为她总是不安心。

一开始在一家中小企业做会计的时候，她嫌做会计太枯燥，而且晋升的周期太长。于是跳槽到一个外资企业做市场推广，做了没几个月，就觉得太累，于是跳到一家化妆品公司做销售；后来看到一些同学做公关多姿多彩，感到自己的销售工作太辛苦，于是又去寻找公关工作。总之跳来跳去，跳到最后连她自己也不知道应该去做什么。而且这几次频繁的跳槽没有什么规划，消耗了时间又没积累什么经验，让她感到得不偿失。

在职场中摇摆不定，频繁跳槽，这样无法令自己在某一领域中积累足够的经验和能力。现在市场分工越来越精细，往往专才要比通才受欢迎，而专才是需要在某一领域摸爬滚打很多年才能造就的，这一类人才往往会成为公司或者猎头青睐的对象。什么都尝试便什么都无法深入掌握，只有坚持忍耐一时的辛苦和刻板的工作，才能看见胜利的曙光。

7. 面对挫折，泰然处之

东京帝国大学的毕业生，在索尼公司一直非常受欢迎。有个叫大贺典雄的帝国大学高材生，是一位很有才华的青年。他加入索尼公司之后，年轻气盛，直言不讳，还曾多次与盛田昭夫争论。但盛田昭夫喜欢这个敢于独立思考的年轻人，非常器重他。

可过了不久，却发生了一件出人意料的事，盛田昭夫居然把大贺典雄下放到了生产一线，给一位普通工人当学徒。这让很多员工迷惑不解，他们猜测，大贺典雄一定是某次说话过于直接，得罪了盛田昭夫。还有人为大贺典雄感到不平，但大贺典雄对此只是淡淡一笑，踏踏实实地当他的学徒。

一年后，更让人大跌眼镜的事情发生了，还是学徒工的大贺典雄居然被直接提拔为专业产品总经理，员工们对此更加百思不得其解。

在一次员工大会上，盛田昭夫为大家揭开了谜团："要担任产品总经理，必须要对产品有绝对清楚的了解，这就是我要把大贺典雄下放到基层的原因。让我高兴的是，大贺典雄在他的岗位上干得不错。不过，真正让我坚定提拔念头的还是这件事：整整一年，他在又累又脏又卑微的工作环境下，居然没有任何的牢骚和抱怨，而且兢兢业业、甘之若饴。"

人们终于明白了其中的原因，不由得报以热烈的掌声。五年后，也就是在34岁那年，大贺典雄成为了公司董事会的一员，这在因循守旧的日本企业，简直是前所未闻的奇迹。

究竟是什么力量，促使大贺典雄整整一年处在脏累而卑微的工作环境中，却没有任何抱怨？或者说，像大贺典雄那样，能面对挫折而泰然处之的人，他们究竟有什么与众不同的地方呢？

（1）乐于承担更多的责任。勇于承担责任，对于分给自己的任务，把它当作一件极为重要事情，分清分量，按时做好。每个人的工作都是上天赋予的使命，无论干什么工作，都应该做到最好。一个优秀的员工，总是主动要求承担更多的责任或自动承担责任。即使没有被正式告知要对某事负责，也会努力做好。有一位名人说过，世上没有卑微的工作，只有卑微的态度。如果一个人轻视自己的工作，而且做得很敷衍，那么他决不会做好，也无法发挥自己的特长。一个人如果不尊重自己的工作，不把自己的工作看成创造事业的平台，而视为衣食住行的供给者，认为工作是生活的代价，那么终其一生也难以取得成功。

（2）热爱工作，追求卓越。热爱自己的工作，在自己的工作中投入最大的热情，追求最好、更好。一名优秀的员工，随时随地都具备热忱而且精神饱满，因为人的热情是成就一切的前提，事情的成功与否，往往是由做事情的决心和热情的强弱而决定的。碰到问题如果有非成功不可的决心和热情，困难就会得到解决或者变小。做为一名优秀的员工，凡事必须要用心对待，切实做到用心做事。用心做事，就是指用负责务实的精神，去做每一天中的每一件事；用心做事，就是指不放过工作中每一个细节，并能主动地看透细节背后可能潜在的问题。一个人的能力有大小之分，天分有高低之分，悟性有好坏之分，但它们决定不了一个人的命运。最重要的是勤能补拙，一份耕耘一份收获。

（3）把敬业当成一种习惯。敬业，就是要敬重自己的工作，就是要在任何环境下，把敬业当成一种习惯。敬业与你从事的工作无关，不管你做什么工作，只要有敬业精神，你就更容易成功。如果你想成功，除努力做好本职工作以外，还要经常去做一切分外的事，因为只有这样才能时刻保持斗志，才能在工作中不断得到锻炼、充实自己，才能引起别人的注意，对你的成功大有益处。敬业不仅是一笔巨大的无形财富，在你的职业发展道路上会起到关键作用。更会使你尽快地从工作中成长起来。

（4）有积极主动的态度。优秀的员工都是具有积极思想的人。这样的员工在任何地方都能获得成功。而消极被动对待工作的人，或者在工作中寻找借口的人，是不会受领导赏识的、企业欢迎的。人常说态度第一，聪明第二。自身的工作态度和举动，也会影响到大家对你的看法和印象，如果你经常以积极谦虚的态度请教他人，人家必然乐于倾力相助。

（5）时刻牢记公司利益。一个人如果不把公司的利益摆在首位，哪怕有再大的能耐，也不会是一名优秀员工。一名优秀员工，在工作中无论做什么事情，都要尽量避免浪费和失误，心中要存有问题意识、成本意识。公司里经常看到浪费的事情，比如下班后灯仍亮着、空调大开；打电话时短话长说；出差可坐火车非要找各种理由乘飞机；电脑配备一个部室有那么几台就可以了，非要人手一台；耗材、纸张等使用无节制，凡此种种，不胜枚举。

（6）为工作设定目标，全力以赴地去达成。一个人如果没有目标，就没有方向感。在工作上如果没有标准，没有计划而只是按照上司的吩咐，说一句动一下，这样的人是无法获得领导的赏识和大家的认可的。有目标是百米赛跑，无目标是饭后散步。事先应当考虑最终目标、阶段性目标和办法措施三要素。要依循目标，坚持今日事今日毕这一大原则，按照正确的步骤做事，学会消除工作倦怠症。做任何事情都要提前做好充分准备。第一天准备第二天的事，每一天的事都为将来做准备。

8. 忠诚的最大受益者是自己

高伟最近很郁闷，他思前想后，就是不明白自己为什么无缘无故被老板炒了鱿鱼。是自己的业务能力差？不会吧，自己能力突出，才华出众，是公认的业务骨干，去年底还受到了总公司的表彰；是自己业绩不够突出？应该也不会，单位里自己的绩效首屈一指，好多同事暗地里都求他指点一二；是自己没有处理好人际关系？好像更不会，平时自己大方随和、礼貌有加，人缘不会太差。这究竟是为什么呢？

为此，高伟找到了平时关系不错的部门经理王总一探究竟，王总告诉他："怎么说呢，你的确很优秀，是个人才。但老板知道你在外面还有份兼职，经常利用工作时间干私活，老板认为与能力相比，忠诚守信对公司更重要，所以……"

高伟恍然大悟：怪不得老板前几日还无意中问起自己是不是在外做兼职，当时还认为在干好工作之余，为自己谋点"外快"没什么大不了，殊不知差点儿为此断送了自己的职业前途，高伟追悔莫及。

现代应用管理心理学普遍认为，老板和员工是一对矛盾的统一体，从表面上看起来，彼此之间存在着对立性例如老板希望减少人员开支，而员工希望获得更多的报酬。但是，在更高的层面上，两者又是和谐统一的。公司需要忠诚和有能力的员工，业务才能进行；员工必须依赖公司的业务平台才能获得物质报酬和满足精神需求。

忠诚不仅是一种道德品质，也是一种职业生存方式，更是优秀员工迈向卓越的必经之道。古今无数的事实表明，任用那些不忠诚的人无异于养虎贻患。试想一个上司或老板怎会对此类部属有好印象而委以重任呢？因此，不管你的才能有多大，学识有多高，都要有忠诚的品格，这样才会把握人生成功的先机。

忠诚是为人处事的第一原则。不管你身处何地，是涉世未深还是历经世事变迁，相信忠诚，保持忠诚，坚守忠诚，就能守住你心灵的契约，赢得做人的尊严。

忠诚的最大受益者是你自己。忠诚不是一种纯粹的付出，忠诚也会有回报，企业并不仅仅是老板的，同时也属于员工。忠诚是企业的需要，是老板的需要，但更是员工自己的需要。作为一名员工，你必须忠诚才能立足于职场，你自己才是忠诚的最大受益者。

（1）忠诚才能被重用。忠诚已成为现代企业中普遍采用的基本用人标准，每一个企业都需要忠诚的员工。对于一个企业而言，员工必须忠诚于企业的领导者，这是保证整个企业能够正常运行、健康发展的重要因素，因为只有对企业、对领导忠诚了，才会积累成职业责任感和职业道德。一位好员工，除应具备良好的专业技能外，更重要的是做人的品德。而忠诚是衡量一个人品德好坏的重要标准。老板都喜欢忠诚的员工，忠诚是你在组织中获取位置的基本保障，作为公司的一份子，给予公司忠诚，肯定会引起老板的注意，你在老板心目中的形象就是肯与公司同进步的人才，一旦有工作需要，老板就会对你委以重任，对于一位员工来说，被老板赋予任务，本身就是一个发展的好机会，是得到老板重用的表现。

（2）忠诚赢得信任。忠诚建立信任，忠诚建立亲密。只有忠诚的人，周围的人才会接近你。“人有信则立，事有信则成”，一个人如果不忠诚，就会给别人不可靠的感觉，难以得到别人的信任，更不要谈有更大的发展了。忠诚之心，大到对国家，小到对企业、对上司、对客户，都是必不可少的。作为一名员工，在工作岗位上，只有对别人忠诚，别人才会接近你、承认你、容纳你、信任你。

你对谁忠诚?

（1）对公司。员工对公司忠诚，才能发挥团队的力量，推动公司走向成功。在这个世界上，并不缺乏有能力的人，“德才兼备，以德为先”是许多公司的用人标准，其中的“德”主要是讲对公司的认同和对公司的忠诚。忠诚是员工职业化生存方式，对公司忠诚，实际上是对自己职业的忠诚。当员工因兴趣变化、职业生涯发展或谋求个人利益、实现自我价值实现等原因选择离开公司，员工也通过自己的忠诚品德获得更大的职业发展空间，通过忠诚的品德获得更大的知名度与人际关系。

（2）对上司。忠于上司的最直接表现就是服从执行。“员工的天职就是服从执行!”也就是说，要按照上司的意愿来选择自己的行动，以确保工作目标的实现，因为你的服从与否，直接决定上司的决策执行水平和质量。被上司器重的员工，往往能在服从的基础上充分发挥自己的聪明才智，认真执行上司交办的任务，巧妙地弥补上司的失误，在服从中显示不凡的才华，这样的员工才能在公司里出类拔萃，胜人一筹。另外，服从执行还是尊重上司的表现，如果你的行为违背上司的意愿，对上司不尊重，就得不到上司对你的信任，更不要说获得更多、更好的机会了。

（3）对工作。忠诚是员工的本分，你可以选择某个企业作为自己忠诚主体和职业舞台，但是，一旦选择了一个企业作为自己的职业发展平台，就必须专心致志地投入到工作中去，因为只有扎扎实实做好本职工作，才能有事业追求和职业发展。缺少忠诚就不可能为公司做出好的业绩。没有好的业绩，就没有好的职业发展。对自己的未来是一种损害，因此，员工在工作岗位，要本着忠诚的心，做好本职工作，

“一份耕耘，一份收获”，永远是真理。

9. 责任心是你的职业素质

有责任心的人，对自己的工作会表现出积极、认真、严谨的态度，而工作态度决定着开展工作的方式方法，决定着投入工作的精力大小，决定着直接工作效果的好坏。有责任心的常常会在事业和生活中取得骄人的成绩。如果在其位而不谋其政，这就是失职。

责任心是所有人从内心发出的一种自觉性心态，当责任心放在工作上时，便成就一个负责任、肯承担的员工，以及成为企业的文化。

不论在职场中担当着哪一个岗位，只要有责任心，便可以将工作做得好。俗语有云：“天下无难事，只怕有心人。”怎样才算是有责任心呢？就是在自己的岗位上竭尽全力，务求把工作做到最好。如果我是一位客户经理，就会以客户为本，全力联系客户，务求提供超越客户期望的服务。可见责任心是一份承诺、一种约束、一股动力。

一位优质的员工，只要凡事有责任心，即实践了对企业、同事及客户的承诺。例如把事情交托给你之后，上司及同事可以大感放心，因为你承诺会做的事情，结果总不会令大家失望；当客户与你有协议时，你也能一一遵守，这正是有责任感的表现。

大部分人在工作时，会有一定的自由度，以便灵活处理各种事务。有责任心的员工，会给予自己一份约束力，不会随便浪费资源，全凭责任心产生自律，令自己在没有人指导或督促的情况下，仍然全力以赴，不会放纵自己，令自己能有效率地完成工作任务。

无论是在生活，还是在职场中，无论一个人的角色重要与否、地位高低，都要对他人、对组织负责任。从某种程度上说，对角色饰演的最大成功就是对责任的完成。社会学家戴维斯很好地解释了责任心的重要性，他说："自己放弃了对社会的责任，就意味着放弃了自身在这个社会中更好生存的机会。"

大家都听过"10－1＝0"的智力题：树上有十只鸟，猎人开枪打掉了一只，还剩下几只？当然一只也不会剩下。在企业，一个员工的不负责任，会让所有员工乃至企业都在为这个不负责任的员工埋单。如果所有员工都能达到"公司兴亡，匹夫有责"的境界，这样的企业绝对会无往不利，并且能够永远领先于别人。试想一下，每个员工都能主动负责，并且把企业的成长看作是自己的责任，他就一定会尽职尽责地去工作，企业怎么可能会不昌盛？

大家都看过一个很熟悉的人力资源故事：一个世界五百强的公司招聘，余下了六七名十分优秀的候选者进入面试，在前往面试的途中，地上散落着一张纸片，其他应聘者都不以为然地进去了，只有一名应聘者捡起纸片丢进垃圾箱，结果这名应聘者被录用了。原因很简单，这个纸片就是主考官故意设置的面试环节，那位应聘者的责任心打动了主考官。

在工作中，高度的责任心往往会促成出色的工作成果。如果想在职场上的路更顺一些，你需要做到勇于负责，不去找借口，但是如果你责任心不强，相信没有一个人喜欢与你搭档，甚至会看不起你。假若你的老板知道你这个毛病，也会有让你卷铺盖走路的可能！

"我警告我们公司的每一个人，"美国塞文机器公司前董事长保罗·查莱普说，"假如有谁说：'那不是我的错，那是他（其他同事）的责任。'如果被我听到的话，我一定会开除他，因为这么说话的人明显对我们公司没有足够的兴趣。"这句话，可以代表所有老板对责任心的理解。

“一个知识不全的人可以用道德来弥补，而一个道德不全的人却很难用知识去弥补。”在工作中，责任心是每个员工必不可少的，无论其职位高低，能力大小。我们提倡每一个人都要做好自己的本职工作，对工作一丝不苟，认认真真，兢兢业业。没有责任心或责任心不强的人，即使他的能力极其出众，也不会将其用在工作中，不会尽心尽责地发挥，人浮于事，便很难出色地完成工作。假如你想要在公司迅速得到提升，那么就把公司的每一件事情都当作自己的责任吧。放心，老板不是傻子，你的一举一动他会看到。如果你能借这个机会让老板知道你是一个可造之材，并且是在全心全意为公司着想，那么恭喜你，你已经成功地宣传了自己，除非老板是傻子，否则你必然会得到升迁或褒奖。只有主动地对自己的行为负责、对公司和老板负责、对客户负责的人，才是老板心目中最优秀的员工。